Kein Buch schreiben

... zu MEHR Demokratie!

Köln © 2024

Vera Ansén

Bibliografische Information der Deutschen Nationalbibliothek:
Die Deutsche Nationalbibliothek verzeichnet diese Publikation
in der Deutschen Nationalbibliografie; detaillierte bibliografische
Daten sind im Internet über dnb.dnb.de abrufbar.

Erste Auflage
© 2024 *VERA ANSÉN*

Idee, Text & Grafik: Vera Ansén
Lektorat: Rebecca Ansén, Köln
Verlag: BoD · Books on Demand GmbH, In de Tarpen 42,
22848 Norderstedt
Druck: Libri Plureos GmbH, Friedensallee 273, 22763 Hamburg

ISBN: 973-3-7597-5147-8

Inhalt

Vorwort	Schreiben	7
Kapitel 1	Sprechende Bilder	11
Kapitel 2	Dichter und Denker	19
Kapitel 3	Es gab kein Internet	27
Kapitel 4	... aufgeklärt!	37
Kapitel 5	W-Fragen	47
Kapitel 6	Für eine Handvoll Worte	59
Kapitel 7	Zauberei	73
Kapitel 8	Alles im Fluss	81
Anhang		92

BEAMTER (OFF)
(schneidender Ton)
Was halte ich hier in Händen?

AUTORIN
Ein Heft?

BEAMTER
(wütend)
Ein Titel mit ISBN, auch als E-Book!
Wollen Sie behaupten,
das waren gar nicht Sie?

AUTORIN
(leise)
Ich habe es getan ...

BEAMTER
(senkt die Stimme)
Denken Sie, wir merken's nicht?
„Kein Buch schreiben", für wie
dumm halten Sie uns?

AUTORIN
(mit mehr Nachdruck)
Ich gebe zu, ich habe es getan.
(leiser)
Mehr als einmal ...

BEAMTER
(wissend)
... und Sie werden es wieder tun!

AUTORIN
(nickt stumm)

Ich gestehe, ich bin eine Wiederholungstäterin ... bereits in jungen Jahren *wusste* ich, mit 50 werde ich Bücher schreiben. Ganz bewusst sammelte ich Lebenserfahrung, damit ich niemanden langweile. Natürlich ist Langeweile besser als sein Ruf, aber langweilige Bücher sind Zeitfresser, belasten unnötig die Umwelt und helfen höchstens, der Realität zu entfliehen. Wir benutzen Sprache - für allerlei.

So sind wir eben! Anders als künstliche Sprachmodelle hat uns niemand darauf programmiert, stets „hilfreich" und „innovativ" zu sein. Auf lange Sicht sind wir zwar gut darin, zu unterscheiden, was wir tradieren, wie ich Ihnen schon einmal in „WIE WIR ERZÄHLEN ..." darlegte. Auch bestärkte ich Sie in „ERKENNBAR, VERSTÄNDLICH, WÄHLBAR ...", dass bereits Sie ein Teil der Grundgesamtheit sind! Sie also niemals nur für sich allein sprechen, sondern immer schon für einen Teil der Menschheit, der so empfindet wie Sie. Und weiter, was das alles mit Demokratie zu tun hat.

Warum also noch ein Band III? Ich muss zugeben, zunächst war ich selbst überrascht: Ich dachte, ich sei durch. Aber nein, je mehr ich über Freude wie Unwillen, sich mit KI-Modellen auseinanderzusetzen, mitbekam, schaute ich auf meine Restnotizen und mir wurde klar: *SCHREIBEN* ... da ist noch was. Da müssen wir mal drüber reden!

Damit Sie das orts- und zeitunabhängig zu Händen nehmen können, hätte es vielleicht auch ein Podcast oder Tiktok-Video getan, aber das hätte nichts daran geändert, dass ich die Anordnung der Informationen vorgebe und Sie der Darbietung folgen. Medienwechsel ändern nicht sehr viel an den Produktionsschritten und spätestens seit „*T2*" also der 30 Jahre späteren Fortsetzung des Films *Trainspotting*, hat jeder verstanden, alles beginnt mit beschriebenen Zetteln.

Ja, es hat sich krass viel getan, in den letzten 30 Jahren. Menschen werden in „Generation X, Y, Z, …" usw. geclustert, dass *alte weiße Männer* wie deren andersgeschlechtliche Pendants sich ratlos das Kinn kratzen. Und die nachwachsenden, Work-Life-balancierenden Menschen lernen: Der Planet steht vor dem Aus, Demokratie kann sich nicht behaupten, Menschenrechte wurden 1948 von irgendwelchen Übergriffigen für *allerwelt* aufgeschrieben und alle Welt interessiert das irgendwie nicht wirklich.

Hatte Sokrates am Ende doch recht? Dass Schreiben nur das Gedächtnis schwäche und echtes Wissen durch Erinnern ersetzen würde? Dass oberflächliches Wissen echte Weisheit behindere und unser Bewusstsein vernebelt? Heute müssen wir nix mehr erinnern können, das können unsere zahlreichen technischen Assistenten unvergleichlich besser! Dann können sie doch auch gleich das Schreiben übernehmen, oder nicht?

Es gibt eine für unsere Sicherheit relevante Organisation in Deutschland, die Schreiben für eine erzieherische Maßnahme hält. Tragisch, nicht wahr? Und wenn Ihnen (ungedient?) dazu die eigene Schulzeit einfallen sollte, wissen Sie, wo das Übel herkommen könnte. Wie kann es sein, dass uns ein und derselbe Ort in der Kindheit einerseits die Kulturtechnik des Lesens und Schreibens vermittelt und uns nicht selten die Freude daran gleichzeitig versaut?

Sie haben richtig gelesen, ich habe die 3. Person Singular des Verbes „versauen" benutzt, womit klargelegt ist, dass Sie mit diesen Seiten menschliches Tun in Händen halten, obwohl Sie im Buchmarkt schon tausende geschmeidige Leseangebote erwerben können, die irgendein findiger ChatGPT-Nutzer* für Sie liebevoll zusammengeleimt hat. Sprachmodelle sollen keine Schimpfwörter verwenden, ist ja auch besser so!

Zudem warnen KI-Enthusiasten beherzt „Shit in, shit out". Also wer nicht versteht, Sprache differenziert einzusetzen, dem purzeln viele unbefriedigende Ergebnisse aus der digitalen Oberfläche. Frust scheint vorprogrammiert, aber diesmal auf Seiten der Nutzer.

„Schreiben war gestern, heute ist Tiktok", wehren sich Jugendliche gegen schulische Drangsalierung. Dann war >Gestern< aber ein langer Tag! Tatsächlich warnen Menschen, die sich mit Chancen wie Risiken angewandter künstlicher Intelligenz beschäftigen, dass die Dummen immer dümmer und nur die Schlauen immer schlauer würden. Bildung bildet Eliten? Nix neues im Westen!

„Demokratie ist die Oligarchie der Zeithabenden" schrieb Paul Nolte 2003 und prangerte damit auch das System an, das auf die Freiwilligkeit von Ehrenamt angewiesen ist. Das ungleiche Teilhabe demokratische Ideale verzerrt, bezweifelt 2024 niemand mehr. Täglich ringen wir um die richtige Intepretation der uns zugänglichen Informationen.

Ein Buch zu schreiben, das im Titel dazu auffordert, kein Buch zu schreiben, mag paradox wirken. Vielleicht wollte ich auch nur die Algorithmen ein wenig verwirren, wer weiß?

Neurowissenschaftler ermutigen uns, dass Verwirrung gut für die Synapsen sei. So werden unsere kleinen Zellen, die wir im Kopf mit uns herumtragen, aktiviert und Lernprozesse gestartet. Und Lernen ist doch immer gut? Ob Mensch oder Maschine.

Neuronale Plastizität beweist, dass unser Gehirn ein Leben lang durch Lernen geformt wird. Wenn Menschen, zu denen ich auch gehöre, Sie zu *lebenslangem Lernen* und *Bildung für alle* begeistern wollen, ist dies weniger eine Zumutung als eine Chance.

Schauen wir also gemeinsam auf Schreibprozesse und warum diese Kulturtechnik so bedeutsam für unser Zusammenleben ist!

Ein Bild sagt mehr als 1000 Worte, aber warum schreiben wir dann? Die Bilder, von denen wir dies gerne behaupten, sind menschengemacht. Unterscheiden sie sich insofern nur unwesentlich von den Buchstaben, die wir erfunden haben?

Bilder wirken in ihrer Gesamtheit auf uns, bringen vielfältige Lesarten mit sich, ziehen uns in ihren Bann, sind leicht zu erinnern: Weil sie in unserem Denken viele Anknüpfungspunkte finden, quasi immer schon emotional sind? Sonst wäre es ja nur ein Viertel Fläschchen Tusche auf einem Stück Papier?

Aber irgendwann reichte es dem Menschen nicht mehr, ein Bild an die Höhlenwand zu malen. Im Zuge der eigenen Sterblichkeit sollte Wissen tradiert werden. Und zwar das wachsende Wissen der Menschheit. So weit, so bekannt, denken Sie vielleicht. Die Erfindung der Schrift solle doch besser mal nicht so überhöht werden. Schließlich diente sie zu Anfang - was man so finden konnte - vor allem, um Abgaben und Steuern zu regeln. Und das soll was mit Demokratie zu tun haben? Na klar doch!

Menschen sind Geschichtenerzähler. Es ist unsere Begabung, Wissen in Geschichten zu verpacken und so Überlebensfähigkeit von einer Generation zur nächsten weiterzugegeben. Noch heute können wir bei indigen lebenden Stämmen beobachten, wie orale Gesellschaften Wissen tradieren. Häufig eng gebunden an die natürliche Autorität der Älteren. Spirituelle Führer besaßen häufig Wissensvorsprünge und kontrollierten, was sie weitergaben, oft geschützt durch die Macht der Hierarchie. Nix Demokratie, oder so! Wissen war nicht für alle gleichermaßen zugänglich – es wurde mündlich weitergegeben und nur bestimmten Personen anvertraut. Erst mit Erfindung der Schrift begannen sich diese Abhängigkeiten zu verändern. Denn zur Schrift gehörten Schreiber und dieses Handwerk zu erlernen, war damals wie heute mühevoll und zeitraubend. So entstand eine ganz neue Kategorie von Mitbürgern, die wir bis heute Beamte nennen ...

> **„Es ist ein trauriges Kapitel der langen Geschichte, die begann, als einige von uns lesen lernten, während andere unter uns fortfuhren, Bauwerke zu errichten und wundersame Dinge zu erschaffen, und nicht so dachten wie der Rest."**
>
> *Maryanne Wolf, „Das lesende Gehirn", S. 267*

Der „Rest" - also die Schriftunkundigen, die des Lesens und Schreibens nicht mächtig oder nur in eingeschränktem Umfange fähig waren - stellten tatsächlich über Tausende von Jahren mehr als 90 Prozent der Bevölkerung dar. Sie mussten sich auf mündlich überliefertes Wissen verlassen, um zurechtzukommen. Denn: Gemeinsames Überleben verlor nicht an seinem Reiz.

Tatsächlich können wir heute nachweisen, dass das Erlernen der Schrift und vor allem das Lesen die Art und Weise wie unser Gehirn Gedanken verarbeitet - vielleicht sogar wie unser Gehirn arbeitet - nachhaltig verändert hat.

Der Mensch als multidimensionales Wesen neigt ja manchmal zu Mord und Totschlag. Was ist so schlimm daran, dass die ersten Schriftaufzeichnungen, die wir in unserer Menschheitsgeschichte finden, Steuerunterlagen sind? Die Frage zu klären: „Wie viel schuldet mir der Typ, für dessen Sicherheit ich gesorgt habe?" ist auch eine Form des Überlebens. Steuern, Abgaben und Vorratshaltung zu regeln, spiegelt ein Grundbedürfnis: Ordnung und Kontrolle.

Ein erster Schritt zu mehr Augenhöhe unter den Menschen. Schließlich ist es schwer, einen fairen Tausch zu organisieren, wenn sich niemand erinnert, wer wie viel geerntet hat. Menschen sind begabt, ihr Denken auf Zukünftiges, Vergangenes und Fiktives zu lenken und Schrift scheint dazu ein hervorragendes Medium zu sein. Wenn es gut lief, waren Menschen nicht länger der Willfährigkeit der Herrschenden ausgeliefert. Regelungen und Gesetze halfen der Impulskontrolle und gaben Anhaltspunkte für Verbindlichkeit, die es großen Mengen von Menschen ermöglichte, zusammenzuleben. Lief es nicht so gut ... naja, das können wir alles in unseren Geschichtsbüchern nachlesen. Heute eben. Weil es Menschen vor uns gab, die sich bemühten, ihre Erfahrungen für uns aufzuschreiben.

Bereits 399 v. Chr. berichtete uns der Grieche Platon von der Skepsis seines Lehrers Sokrates, Wissen niederzuschreiben. Dieser fürchtete die Oberflächlichkeit der Schrift, die er für *stumm* hielt. Das Geschriebene konnte keine Fragen beantworten, seiner Meinung nach keine Diskussion anregen. Schrift, so glaubte Sokrates, schwäche zudem das Gedächtnis. Wissen, das wir nicht im Kopf tragen, bleibt für ihn bloß eine Illusion. Dass Schrift mehr Menschen erlaubt, ort- und zeitunabhängig miteinander in Kontakt zu treten, war für ihn - zu einer Zeit, in der die wenigsten Menschen schreiben, wohl aber sprechen konnten - schlicht unvorstellbar. Platons Auseinandersetzung mit Sokrates zumindest ging *viral*, wie wir heute so sagen.
Seine und ähnliche, frühe Schriften bahnten den Weg zu etwas viel Größerem. Plötzlich konnten Ideen festgehalten werden. Philosophie, Wissenschaft, Religion – alles, was vorher nur durch das gesprochene Wort weitergegeben wurde, wurde nicht nur tradiert, sondern konserviert. Mit zwei Dutzend Zeichen wurde das Wissen dieser Welt aufgeschrieben und für andere zugänglich gemacht.

Die Auseinandersetzung über Zeichen bildet die Gemeinschaft der geistig Freien und Gleichen heraus, könnten wir denken. Doch solange Lesen und Schreiben zu erlernen, denen vorbehalten blieb, die diese Fähigkeit für ihren Lebensunterhalt brauchten, gab es keine Bildung für alle.

Vielleicht lag das auch daran, dass die Schriftkundigen von den anderen mit gewissem Argwohn betrachtet wurden. Sich mit Steuern, Vorratshaltung, Regeln des Miteinanders - quasi dem *Life-to-be* - zu beschäftigen, dem intermediären Raum, wo Lernen stattfindet, verändert die Denkweise, wie Menschen sich mit den Dingen des täglichen Lebens auseinandersetzen. Als Neugeborene sind wir auf Kooperation ausgelegt, wir erleben das Hier und Jetzt und reagieren auf unsere Umwelt spontan und unverstellt. Schriftgelehrte schienen, das krasse Gegenteil zu verkörpern, und so wurde mit neuen Hierarchien und Ständen allerhand Aufwand betrieben, die Lebensbereiche der Menschen auseinanderzuhalten.

>Wer schreibt, der bleibt< behauptet Wikipedia wäre ein Auswuchs des modernen Wissenschaftsbetriebs. Mag sein. Vor meinem inneren Auge sehe ich vielmehr die in Holz geschnitzten Lettern über dem Schreibsaal von Mönchen. Menschen, die über Jahrhunderte als Kopisten ihr Täglich-Brot verdienten, denn auch ein Klosterbetrieb brauchte Einnahmen. Allein fehlt mir dazu der Beleg. Holz verwittert ja so schnell.

Andere bemühen den römischen Staatsmann Caius Titus, der dies im römischen Senat gesagt haben soll. Waren wir dabei? Auch ihn kann ich mir vor meinem inneren Auge vorstellen. Mein inneres Auge, so so. Maryanne Wolf mahnt, wir können nichts Wichtigeres aufschreiben, als was der Leser zwischen den Zeilen entdecken kann.

Wir lernen über Erfahrung: Aber wir können über die Erfahrung anderer Menschen ebenso lernen. Wir müssen all diese Erfahrungen einfach nur lesen. In dem Augenblick der Dekodierung von Buchstaben bilden sich Gedanken und unser Bewusstsein verändert sich: *Deep Learning* sozusagen!

Alles wurde anders mit dem Buchdruck? Einiges schon, aber erst einmal nicht unbedingt zum Besseren. Flugblätter konnten wie frühe Zeitungen schnell Verbreitung finden. Damit wurde es leichter, Menschen in ihrem Alltag zu erreichen und zur Meinungsbildung beizutragen. Aber viel Meinung bei wenig Wissen ist eben gefährlich. Erst nach dem Dreißigjährigen Krieg in Europa, dem jeder Dritte zum Opfer fiel, entstand das Bewusstsein für mehr Verständigung.

Unter den Eindrücken seiner Erfahrungen in der Lateinschule sehnte sich Comenius nach einem anderen Lernen: Bildung für alle. Für ihn war Wissen nicht länger ein Privileg der Wenigen, sondern ein Recht, das allen Menschen zustand, unabhängig von Stand oder Geschlecht. Er sah eine Welt (vor seinem inneren Auge), in der jeder Zugang zu Wissen hat.

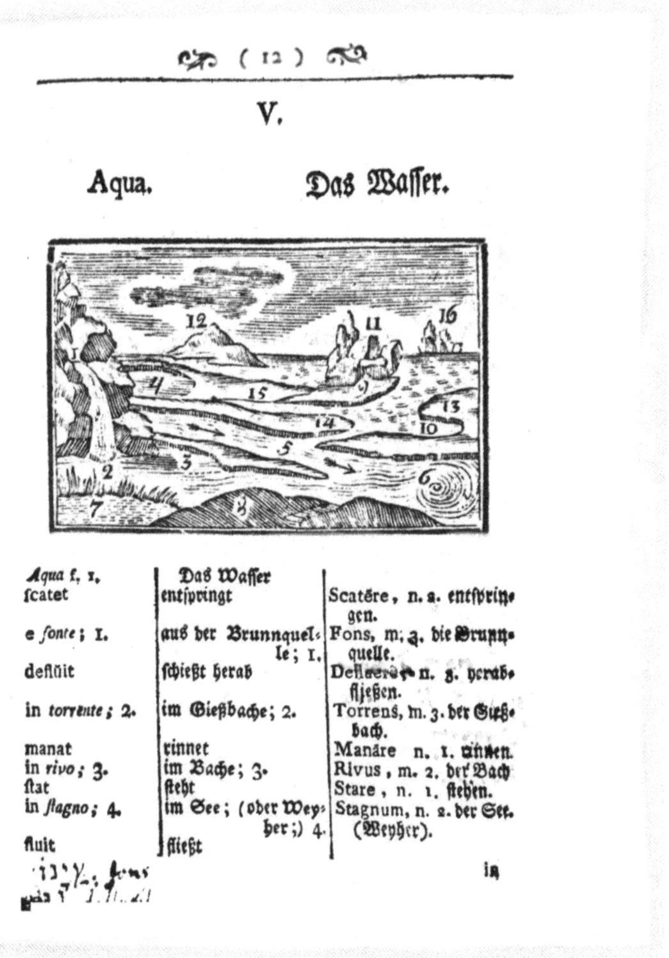

Sein Werk *Orbis Sensualium Pictus* revolutionierte die Heranführung an Bildung. Die Beschulung von Lernwilligen sollte visuell und selbstbestimmt stattfinden. Wie er Worte und Bilder verband, um den Lernprozess anschaulicher und verständlicher zu machen, sollte bis in die Zeit des Humanismus die Vermittlung von Begriffen und Kategorien in mehreren Sprachen für immer verändern.

Orbis Sensualium Pictus, gek. Fass. 82 Seiten, Johann Amos Comenius   Universität Lausanne AZ 1096 Res. A., **Reprint** ISBN 9781293477335

☙ (13) ❧

n *flumine*; 5.	im Strome; 5	Flumen, n. 3. der Strom.
gyratur	drehet sich	Gyrare, a. 1. sich drehen.
in *vortice*, 6.	im Wirbel; 6.	Vortex, m. 3. der Wirbel.
facit *paludes*. 7.	machet Sümpfe. (Moräste) 7.	Palus, f. 3. der Sumpf. (Moraß).
Flumen n. 3. habet *ripas*. 8.	Der Fluß hat Ufer 8.	Ripa, f. 1. das Ufer am Flusse.
Mare n. 3. facit *littora*, 9.	Das Meer machet Gestade, 9.	Littus, n. 3. das Gestade. (Ufer am Meere).
sinus, 10.	Meerbusen, 10.	Sinus, m. 4. der Meerbusen.
promontoria, 11.	Vorgebirge, 11.	Promontorium, n. 2. das Vorgebirge.
insulas, 12.	Inseln, (Eylande,) 12.	Insula, f. 1. die Insel.
peninsulas, 13.	Halbinseln, 13.	Peninsula, f. 1. die Halbinsel.
isthmos, 14.	Erdengen, 14.	Isthmus, m. 2. die Erbenge. (das enge Land zwischen zweyen Meeren).
freta; 15.	Meerengen;(Sunde;) 15.	Fretum, n. 2. die Meerenge. (Sund).
et hab et *scopulos* 16.	und hat Steinklippen. 16.	Scopulus, m. 2. die Steinklippe.

Handschriftliche Notizen:

יָם mare
נָהָר rivus
אֲגַם stagnum
נַחַל flumen
הֶהָם vortex
בִצָּא Palus
שָׂפָה littus
חֵיק sinus
בְּחֵן [illegible]

אִי insula
אִשְׁתְּבָרֵק isthmus
שֵׁן deus, scopulus

VI.

In seiner Vorstellung sollten Schüler nicht nur passive Empfänger von Wissen sein, sondern aktiv mit den Inhalten interagieren. Die handschriftlichen Notizen in Hebräisch zeigen, dass dieses multilinguale Konzept über Grenzen hinweg funktionierte.

Wer dabei an Screenshots heutiger *Social Media* wie Facebook & Co. denkt, sieht das vor seinem inneren Auge vielleicht ganz richtig.

Woher soll ich wissen,
was ich denke,
bevor ich lese,
was ich schreibe ?

Als wir alle Schreiben lernten - eine mühsame Beschäftigung, die dank unserer Schulbildung mit dem Leseerwerb einherging - hörten wir mehr als einmal den Satz: „Das soll noch jemand lesen können!" Früh wurden wir darauf gestoßen, dass es mitunter bedeutungsvoll ist, was wir aufschreiben. Und sei es zu Anfang nur, um im Klassendurchschnitt eine gute Note für unseren Aufsatz zu erlangen. Mit dem Aufschreiben trainieren wir, „vom Ende her zu denken".

Das Aufsetzen des Stiftes trotzt uns eine neue Form von Nachdenken ab, einem Bildhauer gleich müssen wir das Fertige vor unserem inneren Auge sehen können. Die scheinbar einfache Übung mit dem Griffel zwingt uns, unsere Gedanken zu strukturieren, das Ziel im Blick zu behalten und rückwärts zu planen. Totale Entschleunigung, die jungen Menschen einiges an Sitzfleisch abverlangt.

Die Betrachtung des *Orbis Pictus*, mit dem noch Kant und Goethe als Knaben lernten, führt uns ideengeschichtlich unweigerlich zum Humanismus. Die vielen Gedanken, die beim Kopieren von Texten aus anderen Sprachräumen bei den Übersetzern und Lesern entstanden, wurden schon längst in eigenen Kommentaren gesammelt. Der Buchdruck erlaubte der Mit- und Nachwelt, an den Gedanken Schreibender teilzuhaben, und an Orten, wo Menschen mit viel Sitzfleisch zusammenkamen - Bildungseinrichtungen und Universitäten - wurden diese Gedanken gerne weiter durchdacht.

Die Napoleonischen Ideen machten es einmal mehr nötig, dass Menschen über *actio* $\rightleftarrows$ *reactio* nachdachten. Überhaupt verlangte das moderne Leben neben Hygiene nach mehr Organisation und mehr Beamten. Wissen ist Macht, garantiert es doch, dass das Zusammenleben von Vielen gelingen soll. Beamte hatten Erfahrung, wie Regeln in jedem Staatsgefüge umzusetzen waren.

Der Buchdruck allein machte Wissen nicht sofort allen zugänglich. Im 16. Jahrhundert, als Luther die Bibel in die deutsche Muttersprache übersetzte, war dies mehr als nur eine Kirchensache. Es war ein politischer Akt, der soziale Unruhen befeuerte. Zwar gab es schon wenige Bibelübersetzungen ins Deutsche, doch Luthers Version sollte bewusst für alle verständlich sein. Er verwendete eine klare, volkstümliche Sprache, die Menschen verschiedener Herkunft erreichen konnte. Das „Buch der Bücher" war so nicht länger nur für Gelehrte zugänglich, sondern für jeden, der lesen konnte und wollte. Die Verbreitung der Luther-Bibel war ein entscheidender Anstoß für die Alphabetisierung der Bevölkerung. Der synodale Gedanke, dass ein jeder Mensch seiner Verantwortung Gott gegenüber gerecht werde, indem er sich in der Benutzung seines Verstandes ertüchtige, legte einen wesentlichen Grundstein für unser heutiges Verständnis von Selbstbestimmung und Demokratie.

Geschätzte Alphabetisierungsrate n. hist. Quellen:

17. Jh. ca. 5-10 % (Männer) und 1-2 % (Frauen)
vor allem in Städten oder kirchlichem Umfeld

18. Jh. ca. 10-20 % (Männer) und 5-10 % (Frauen)

um 1800 ca. 25-35 % (Männer) und 10-20 % (Frauen)

Alphabetisierung stieg ab dem 18. Jh. durch religiöse Texte/Flugblätter, blieb aber Stadtbewohnern und Reichen vorbehalten. Erst im 19. Jh. mit Schulpflicht und Bildungsausbau fand Lesen & Schreiben Verbreitung.

Die Bildungs-Wende kam erst im 19. Jahrhundert, als die napoleonischen Reformen Europa durchzogen. Der *Code Civil*, eingeführt durch Napoleon, erforderte einen klaren rechtlichen Rahmen und eine umfassendere Verwaltung, die nur durch ein alphabetisiertes Volk realisierbar war. Die Schulpflicht und der Ausbau öffentlicher Bildungseinrichtungen waren entscheidende Schritte, um die Bevölkerung fit für die neuen Anforderungen zu machen. Denn eine komplexer werdende Gesellschaft verlangte nach Bürgern, die in der Lage waren, Verträge zu verstehen, Gesetze zu lesen und an politischen Prozessen teilzuhaben.

Die Brüder Jacob und Wilhelm Grimm erschufen Werke, die bald in keiner Wohnstube mehr fehlen sollten: allen voran ihre *Kinder- und Hausmärchen* und schließlich ein *Deutsches Wörterbuch*. Die Alphabetisierungsraten stiegen stetig. Mehr Menschen erhielten Zugang zu Lesen & Schreiben.

Der durch die Aufklärung ausgerufene, humanistische Gedanke „Bildung für alle" wurde zu den pragmatischen Notwendigkeiten eines modernen Staatswesens. Wenn Wissen Macht ist, galt es diese Macht zu teilen, um ein funktionierendes, friedliches und zivilisiertes Zusammenleben zu ermöglichen. Die kriegerisch erfolgte Durchsetzung, die Verwaltung der eroberten Gebiete zu reformieren und den Bürger als mündigen Teilnehmer des Staatswesens zu fördern, führte schließlich dazu, dass Lesen und Schreiben nicht nur für Wenige, sondern für die breite Bevölkerung zugänglich wurden. Die sprichwörtliche *Büchse der Pandora* war geöffnet.

Vielstimmig erklang die Forderung nach mehr Demokratie und Teilhabe. Menschen sahen sich als Bürger und suchten ein eigenes Gegengewicht zu staatstragenden Beamten, die sie über Jahrhunderte unter allen Herrschaftsformen als Verwaltungsmacht erlebt hatten. Es ging darum, mehr Einfluss und Mitsprache zu gewinnen und ein System zu entwickeln, das sich nicht nur auf Obrigkeit stützte. Zwar scheiterte 1848 die Demokratiebewegung und die Monarchie sollte wieder erstarken, aber die geistigen Grundsteine für die später demokratischen Verfassungen eines parlamentarischen Deutschlands waren gelegt. Im Zuge all dieser Veränderungen gewann das geschriebene Wort zunehmend an Bedeutung. Von der Straße verlegte sich der Diskurs ins Private. Briefwechsel erhielten einen so hohen Stellenwert, dass wir dank findiger Anverwandten, die den Weg zu Verlegern suchten, diese noch heute bestaunen können.

Seit Gutenberg Mitte des 15. Jh. den Buchdruck erfunden hatte, spielten Verlage eine entscheidende Rolle, indem sie nicht nur literarische Werke, sondern auch politische Schriften und Flugblätter verbreiteten, die die Menschen über Wissenswertes und Ideen informierten. Die Bedeutung von Verlegern wuchs mit dem erweiterten Abnehmerkreis.

Jede Obrigkeit hatte ein Interesse an der Frage: Wer kontrolliert das Wissen, das in gedruckter Form verteilt wird? Im 19. Jahrhundert wurden die ersten Gesetze entwickelt, um den Buchmarkt zu regulieren. Durch das Urheberrecht wurde Verlegern ein Rahmen zugebilligt, der sicherstellen sollte, dass sie die Kontrolle über die Verbreitung und den Verkauf von Büchern und Schriften hatten. Mit den exklusiven Rechten, die Verlegern an den Werken, die sie drucken ließen, zugesichert bekamen, sollten diese ihre „Investition" schützen können und über stabile finanzielle Grundlagen verfügen. Der Fortbestand von Verlagen schien mit einem Mal wichtiger als das geistige Eigentum der Schreibenden. So von wegen Urheber? Ein manierliches Gesetz, dessen Name allein bis heute in die Irre führt. Denn für die Autoren bedeutete dies oft weniger Einfluss auf die Verbreitung ihrer Werke. So begann ein Abwägen zwischen wirtschaftlicher Stabilität und künstlerischer Freiheit.

Natürlich wäre es zu einseitig, die Not der Verleger, im gegenseitigen Wettbewerb zu bestehen, nur zu belächeln. Verlage wie C. H. Beck und Ullstein - um nur zwei zu nennen - brachten bedeutende Werke zur politischen und sozialen Entwicklung des sich findenden Deutschlands hervor und sorgten für deren Verbreitung. Darüber hinaus hatten wirtschaftlich stabile Verlage die Möglichkeit, als *Mäzene* Talente, die über kein hochwohlgeborenes Netzwerk verfügten, zu fördern. Ein Redaktionssystem wuchs heran und Texte konnten gründlich geprüft, überarbeitet und gemeinsam verbessert werden, was wiederum der Anschlussfähigkeit von Neuerscheinungen zugutekam. Durch die Verlage wurden Stimmen laut, die sonst vielleicht ungehört geblieben wären. Der Ruf nach Pressefreiheit hatte starke Stimmen und ist untrennbar mit der Demokratiebewegung des 19. Jh. verbunden.

Heute erscheinen in Deutschland 65.000 neue Buchtitel pro Jahr, das sind fast 180 Bücher pro Tag, falls Sie sich das vorstellen mögen. Liest ein Mensch im Schnitt 30 Seiten pro Stunde, bräuchte er über 1.800 Stunden oder mehr als 75 Tage, um die neu erschienenen Bücher eines einzigen Tages zu lesen – ohne Pause. Der Buchmarkt ist so produktiv, dass selbst die fleißigsten Leser dies nicht mehr würdigen können. Kein Wunder also, dass Verlage die schöpferische Freiheit von Schreibenden ausreichend repräsentiert glauben und wenig Mitgefühl für Self-Publishing aufbringen.

Auch wenn sich das Leseverhalten im digitalen Zeitalter bereits wandelt, besitzt ein heutiger Bürger der Bundesrepublik Deutschland im Durchschnitt um die 60 Bücher. Also Wenige mehrere hundert Bücher und Viele eher weniger. Aber allein bis zum Abschluss der Schullaufbahn nehmen Jugendliche im Durchschnitt bis zu 50 Bücher zur Hand. Das war nicht immer so!

Mit Aufschwung der Alphabetisierung und wachsender Leselust der Menschen verhalfen Leihbibliotheken zum Griff nach dem Buch. Und doch war es nicht so einfach, es sich mit einem Buch gemütlich zu machen: Erst in den Zwanziger Jahren des letzten Jahrhunderts verbreitete sich in Privathaushalten das elektrische Licht, das Lesen nach getaner Arbeit begünstigte. Warum ich das überhaupt erwähne? Wer einmal seinen Beruf erwählt hatte, arbeitete Ende des 19. Jh. im Durchschnitt 11 Stunden am Tag. Wer sich da abends in die Seiten eines Buches vertiefen wollte, brauchte viel innere Ruhe und Restenergie – oder eben die Freiheit, dies beruflich zu dürfen. Viele griffen daher lieber zur Zeitung, die nebenher zu konsumieren war und deren Markt seit Einführung der Rotationspresse förmlich explodierte.

Über 3.500 verschiedene Zeitungstitel buhlten um die Aufmerksamkeit ihrer geneigten Leserschaft! Das publizistische Interesse erkannte mehr und mehr die Bedürfnisse von Zielgruppen, deren Lesedurst mit unterschiedlichen Genre-Angeboten wachgehalten werden sollte. Fortsetzungsgeschichten erfreuten sich hoher Beliebtheit, hielten sie auch die müdesten Geister bei der Stange. Kurz und spannend, erlaubten sie kleine Pausen im Alltag.

Wilhelm Busch machte es Vielen, die nach ihm kommen sollten, vor: Mit durchdachten Strichen und treffsicheren Reimen platzierte er seine Geschichten als Fortsetzungsserie in Zeitungen, die erst später zwischen Buchdeckeln gebunden wurden. Seine humoristischen Bildergeschichten - wie die von *Max und Moritz* - fanden so als komplette Werke ihren unverrückbaren Ort in den Bücherregalen der jungen Nation und weit darüber hinaus.

Die kurzweilige Lektüre der Zeitung schaffte den Rahmen, um Leser mit Neuem in Berührung kommen zu lassen. Alles, was wir lesen, verändert unser Bewusstsein.

In keiner Autorenfigur verschmolzen Fantasie und Eigenwahrnehmung so stark wie im Schaffen von Karl May, der mit seinen Reiseromanen trotz aller Widerstände zu Weltruhm fand. Allesamt begonnen als Fortsetzungsgeschichten in diversen Zeitungen, oft unter variierenden Pseudonymen, um - so ehrlich muss ich das schon ausdrücken - mehr Tantiemen zu ergaunern. Die vielen Erzählstränge, die zum *Schatz im Silbersee* führen sollten, erlangten Kultstatus, der Kritiker wie Neider heraufbeschwor. Zu Recht, denn May war eine komplexe Persönlichkeit, wie wir es heute *politisch korrekt* ausdrücken würden, und nicht Wenige würden sein Erbe gerne *canceln*.

Ein Autor, der sich seinen Fans gegenüber als identisch mit seiner Hauptfigur *Old Shatterhand* alias *Kara Ben Nemsi* ausgab, würde heutzutage mit diesem Schwindel nicht mehr durchkommen. Aber genau das machte Karl May so einzigartig in seiner Zeit: Er lebte seine Geschichten und präsentierte sich mit einer Überzeugungskraft, die seine Leser in ferne Welten zog. Dass er vor der Niederschrift seiner berühmtesten Geschichten die Reiche seiner Erzählungen nie wirklich gesehen hatte, spielte dabei kaum eine Rolle. Was er schrieb, waren zutiefst gefühlte Abenteuer, in denen May die Sehnsüchte seiner Zeitgenossen nach Freiheit und Ferne verarbeitete. Mit seiner Selbstinszenierung verschwammen die Grenzen zwischen Fiktion und Realität. Dabei missbrauchte er seine Anhängerschaft wie einst seine eigens geschaffene Figur 'der Mübarek', aus *Der Schut.*

Worte waren ursprünglich Zauber, wie Freud einst ausführte. Schreiben zu können, ist eine Form von Macht, die Großes bewirken kann. Es bedurfte allerdings noch zweier Weltkriege und vieler Irrwege, bis wir die aufgeklärte und kritische Leserschaft erkennen konnten, die uns heute so selbstverständlich erscheint.

Nicht nur, wenn meine Kinder heute ratlos vor den vielen Büchern im Haus meiner Eltern stehen, zucke ich etwas hilflos mit den Schultern: „Es gab kein Internet!" Woher wir die Zeit für Lesen, Reden, Gesellschaftsspiele und selbst Fernsehen fanden, löst bei den *Digital Natives* regelmäßig Unverständnis hervor. Wie soll man das erklären: Eine Welt ohne Internet? Und wozu?

Ein Glück, dass die beiden viel Zeit mit ihrer Großmutter verbringen durften und auf diese Weise die ungeteilte Aufmerksamkeit eines Menschen erfuhren, der sich zu 100 % auf sie einlassen konnte. So viel Hingabe findet sich doch sonst nur noch im Roman oder in Tagebüchern. Tagebuch schreiben? Da „schnallt" die Jugend endgültig ab. Gibt's doch bestimmt schon 'ne App für, oder?

Mit durchschnittlich sieben Stunden Bildschirmzeit füttern wir inzwischen seit Jahren fleißig - per Social Media - die lernenden Sprachmodelle künstlicher Intelligenz an. Wir erleben das als interaktiv: Comenius meets *Sturm und Drang*! Blog-Einträge und die dafür sprachliche Verdichtung fordern in hohem Maße unsere Kreativität. Früh warb ich: *Facebook & Co.* nicht den anderen zu überlassen, die es weniger gut mit unserer Demokratie meinen. Im Internet wird unweigerlich Diskursfähigkeit geschult, und redaktionsfreie Räume entfesseln die Untiefen gelebter Redefreiheit. Die Aneinanderreihung von Subjekt-Prädikat-Objekt kommt dabei allerdings vielen Menschen mehr und mehr abhanden. Nur gut, dass die Dateningenieure auf alles zurückgreifen, was Menschen jemals vor uns geschrieben haben. So spricht wenigstens *ChatGPT* noch in vollständigen Sätzen mit uns – bzw. schreibt. Erinnern wir uns: Wir alle können nur deshalb lesen, weil Menschen, die vor uns lebten, ihre Erfahrung und Ideen aufgeschrieben haben. Und ihre Gefühle!

Meine Mutter hat nicht viel in ihrem Leben geschrieben, aber sie konnte, wie niemand sonst Briefe und Grußkarten verfassen. Karten, in denen sie es verstand, ihre Gefühle mit Worten auszudrücken, die berührten. Als ich klein war, verdonnerte sie uns im Urlaub regelmäßig zum Schreiben. Sie vermittelte mir das Konzept: Vorschreiben, Zeilenmaß beachten, Relevanz prüfen - nicht banal, sondern situativ schreiben! Unzählige, aufbewahrte Karten befinden sich noch heute in meinem Haushalt. Unglaublich, wie viel Mühe sie investiert hatte, Menschen mit Worten zu erreichen und so ein Fenster zu Aufmerksamkeit und Liebe aufzustoßen.

Jenseits von der Gesamtorganisation Menschheit und ihrer neuronalen Netzwerke macht uns Mike Mandl auf die Wirkmächtigkeit eines einzigen Gedankens für den empfindenden Menschen aufmerksam:

> **„Der Mensch ist ein multidimensionales Wesen, eine vielschichtige Einheit, die weit mehr ist als die Summe ihrer Funktionen. Der Mensch ist ein dynamisches System, das permanent in Beziehung zu und im Austausch mit seiner Umgebung steht. ...**
>
> **Wie unser Körper sind unser Herz, unser Geist und unsere Seele auf Nahrung angewiesen, auf Mittel, die sie am Leben halten. ...**
>
> **Wir brauchen Liebe, wir brauchen Begeisterung, wir brauchen Sinn. Wir suchen danach. ...**
>
> **Wir brauchen entsprechende Mahlzeiten für alle Ebenen unseres Wesens. Sonst bleibt trotz vollem Bauch eine innere Lehre zurück."**

Mike Mandl, „Meridiane - Landkarten der Seele", S. 18-24

Ein einziger Gedanke kann uns in Begeisterung versetzen.

Erwiderte ich meiner Mutter trotzig: „Ich weiß nicht, was ich schreiben soll!", schickte sie mich spazieren.

Auf wundersame Weise ordnen sich Gedanken beim Laufen tatsächlich mühelos. Die Ergebnisse von Opezzo und Schwartz von der Stanford University legen nahe, dass Spazierengehen nicht nur für die Familiendynamik von Zeit zu Zeit gut ist, sondern auch geistige Leistungsfähigkeit und Kreativität deutlich verbessert. Neben Rhythmus und Atmung sehen wir mit dem Blick in die Weite wieder das große Ganze und entdecken gleichzeitig Details. Dieses Wechselspiel zwischen der makroskopischen Weite und der mikroskopischen Präzision schafft Raum für Klarheit und neue Ideen. Zumindest bekam ich die weißen Flächen der Ansichtskarten sinnvoll befüllt und habe bis heute ein Faible für sprachliche Verdichtung: Gutes Schreiben erfordert Sitzfleisch und Bewegung!

Diese Einladungen zu reflektieren - was gut in unserem Leben ist - nehme ich heute noch gerne zur Hand. Meine Mutter war großartig in den Dingen, die sie tat und wusste, was sie nicht wollte: Zum Beispiel ein Buch schreiben. Eine ihrer härtesten Zurechtweisungen war: „Das kannst Du aber besser!" Also strenge ich mich lieber weiter an, sie posthum nicht zu enttäuschen und Ihnen beherzt den Zusammenhang zwischen unserer Begabung zu Schrift und Sprache und unserer Fähigkeit zu echter Kooperation und Demokratie mittels „Bildung für alle" näher zu bringen.

Was und wie viel wir schreiben sollen, beschäftigt uns schon seit der Grundschule. Wir lernen, uns in unterschiedlichen Formaten auszudrücken und auch *Genre*-Erwartungen zu erfüllen. Nicht Wenige träumen vom eigenen Buch, macht das noch Sinn? Schreibt in Zukunft sowieso nur noch künstliche Intelligenz und wir können chillen? Denn ehrlich, das wissen wir doch noch aus der Schule: Schreiben ist echt mühsam. Wozu das alles?

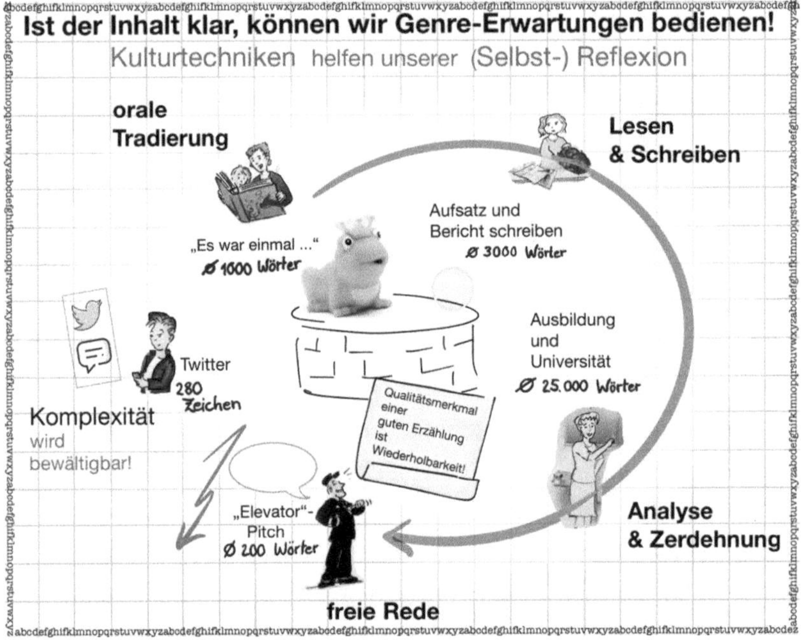

Wir erlernen allerhand Kulturtechniken in der Schule und weiteren Ausbildung. Die Fähigkeit, uns gedanklich zwischen Formaten und Genres bewegen zu können, hilft unserer (Selbst-) Reflexion. Durch die Vielfalt der Formen lernen wir, unsere Gedanken aus verschiedenen Blickwinkeln zu betrachten und kreative Lösungen zu finden. Kennen wir den Inhalt der *Froschkönig*-Erzählung, können wir dieses Erzählmotiv beliebig beschreiben. Diese Flexibilität im Denken stärkt unser Verständnis von uns selbst und der Welt um uns. Die Mühe mit dem Lesen - Schreiben - Lesen muss sich ja irgendwie lohnen?

Sowohl der Lese-Schreib-Erwerb als auch das Lesen selbst kosten Zeit. Zeit, die uns nicht mehr für Anderes zur Verfügung steht. Klare Strukturen begünstigen scheinbar Verstehen. Denn wir wollen ja nicht vergessen, wozu das Ganze dient: Als Gruppe überleben!

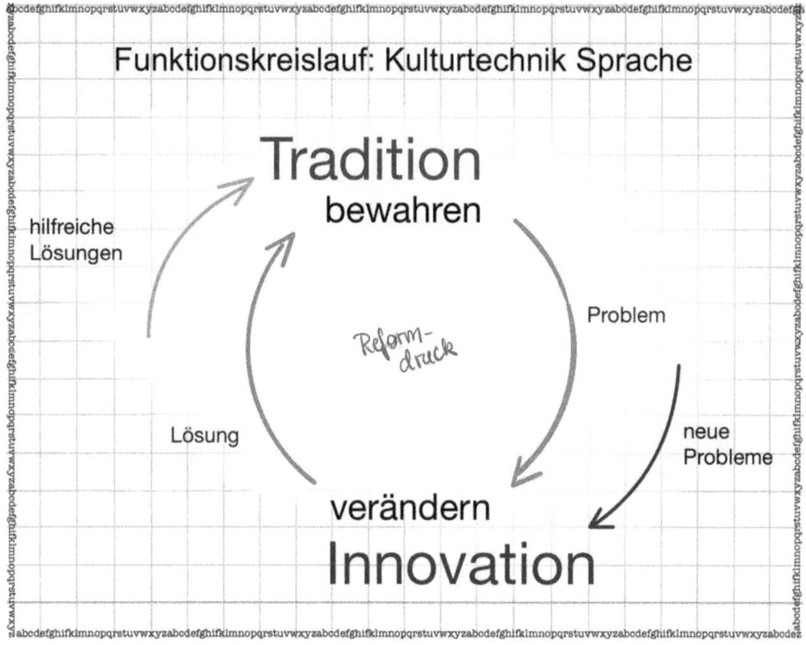

Alles, was wir aufschreiben, befindet sich im Spannungsfeld zwischen Bewahren und Entwickeln. Als lernende Organisation >Menschheit< achten wir genau darauf, was als hilfreich in Traditionen aufgenommen und weitergeführt wird. Kulturtechniken sind nicht nur hilfreiche Werkzeuge für den Einzelnen, sondern wurden als kollektive Praktiken entwickelt, die uns miteinander verbinden. Groß, was? Viele Menschen - und nicht nur Sokrates - vermittelt das auch Unbehagen. Niklas Luhmann weist darauf hin, dass Kommunikation immer selektiv ist, weil wir niemals die vollständige Bedeutung unserer Worte kontrollieren können, was das Unbehagen im schriftlichen Austausch verstärkt.

Zögern wir beim Schreiben, begleitet uns immer die Unsicherheit: Wie wird der Lehrer, Brief-, Postkartenempfänger oder überhaupt Lesende die Bedeutung unserer Worte einordnen?

Können wir im Dialog auf das Verstehen unseres Gegenübers direkt reagieren, hilft uns die Einhaltung - oder bewusste Überdehnung - (die Erfahrung kennen Sie sicher auch) von Erwartungen dabei, mit fremden Menschen in Kontakt zu treten. Schreiben ist bei allem Sitzfleisch, das es erfordert, also ein „heißes Medium"?

Jeder, der schon einmal ein Bewerbungsschreiben verfasst hat, kennt die Herausforderung: Einerseits den Erwartungen an ein solches Schreiben zu genügen, andererseits aus der Masse aller Bewerbungen herauszustechen, um eine echte Chance auf ein Bewerbungsgespräch zu bekommen. Buchstaben und Ziffern lassen Informationen mit einem Mal vergleichbar erscheinen. Dabei steht hinter jedem Bewerberbrief ein Mensch - ein einzigartiges Wesen, das sein Bedürfnis nach Anschluss und Teilhabe zum Ausdruck bringt. Das richtige Format ist mitunter erfolgsentscheidend.

Also dürfen wir nicht in Erwartungen versinken und nur bekannte Muster bedienen. So schön Langeweile bisweilen ist – ein Zustand, der das Gehirn zwar fordert, aber oft auch Raum für neue Synapsen schafft - müssen wir, um uns weiterzuentwickeln, immer wieder aus der Routine ausbrechen und kreative Impulse setzen. So lässt sich auch der Wandel von Genres im Laufe der Zeit erklären.

Die Alltagsbewältigung verlangte den Menschen in der Vormoderne ohne Zentralheizung, Elektrizität und Wohnberechtigungsschein allerlei ab. Überlebenswichtiges Wissen musste schnell und einfach zu merken sein, fast unbewusst abrufbar. Aber Leben ist eben nicht nur Alltags- sondern auch Zukunftsbewältigung. Damit die Vielen sich nicht allein auf ihr passives Wissen verlassen, war die Entstehung von Genres, die den Austausch zwischen Künstlern und Publikum erleichterten, von großer Bedeutung. Genres fungierten in der Menschheitsgeschichte als Schnittstellen zwischen bewahrter Tradition und kreativer Erneuerung.

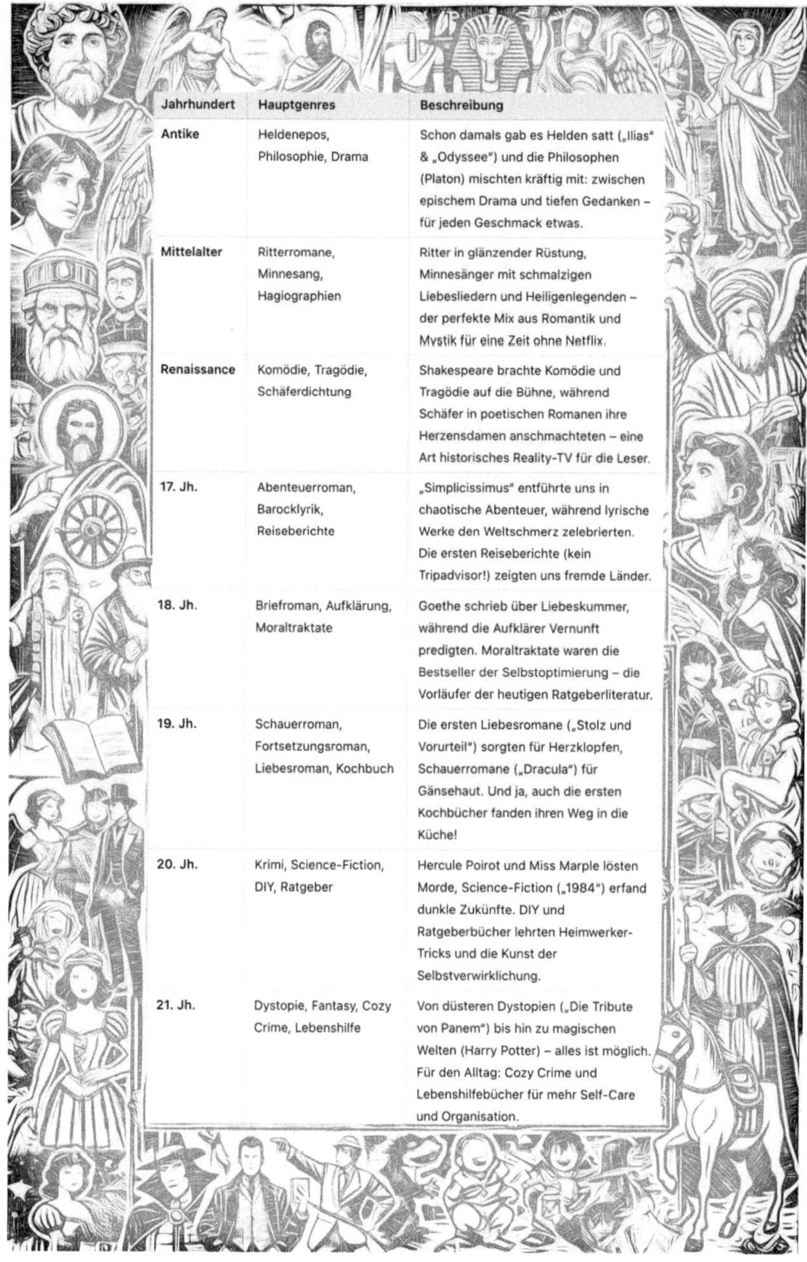

Jahrhundert	Hauptgenres	Beschreibung
Antike	Heldenepos, Philosophie, Drama	Schon damals gab es Helden satt („Ilias" & „Odyssee") und die Philosophen (Platon) mischten kräftig mit: zwischen epischem Drama und tiefen Gedanken – für jeden Geschmack etwas.
Mittelalter	Ritterromane, Minnesang, Hagiographien	Ritter in glänzender Rüstung, Minnesänger mit schmalzigen Liebesliedern und Heiligenlegenden – der perfekte Mix aus Romantik und Mystik für eine Zeit ohne Netflix.
Renaissance	Komödie, Tragödie, Schäferdichtung	Shakespeare brachte Komödie und Tragödie auf die Bühne, während Schäfer in poetischen Romanen ihre Herzensdamen anschmachteten – eine Art historisches Reality-TV für die Leser.
17. Jh.	Abenteuerroman, Barocklyrik, Reiseberichte	„Simplicissimus" entführte uns in chaotische Abenteuer, während lyrische Werke den Weltschmerz zelebrierten. Die ersten Reiseberichte (kein Tripadvisor!) zeigten uns fremde Länder.
18. Jh.	Briefroman, Aufklärung, Moraltraktate	Goethe schrieb über Liebeskummer, während die Aufklärer Vernunft predigten. Moraltraktate waren die Bestseller der Selbstoptimierung – die Vorläufer der heutigen Ratgeberliteratur.
19. Jh.	Schauerroman, Fortsetzungsroman, Liebesroman, Kochbuch	Die ersten Liebesromane („Stolz und Vorurteil") sorgten für Herzklopfen, Schauerromane („Dracula") für Gänsehaut. Und ja, auch die ersten Kochbücher fanden ihren Weg in die Küche!
20. Jh.	Krimi, Science-Fiction, DIY, Ratgeber	Hercule Poirot und Miss Marple lösten Morde, Science-Fiction („1984") erfand dunkle Zukünfte. DIY und Ratgeberbücher lehrten Heimwerker-Tricks und die Kunst der Selbstverwirklichung.
21. Jh.	Dystopie, Fantasy, Cozy Crime, Lebenshilfe	Von düsteren Dystopien („Die Tribute von Panem") bis hin zu magischen Welten (Harry Potter) – alles ist möglich. Für den Alltag: Cozy Crime und Lebenshilfebücher für mehr Self-Care und Organisation.

Genre und insbesondere Unterhaltungsgenre wurden von Menschen, die sich für gebildet hielten, gerne belächelt. Nicht umsonst bildeten sich Worte wie *Volksschwank* oder *Volksweise* heraus. Eben Kram für die Vielen, die sich nicht mit den *schweren Dingen des Lebens* zu befassen hatten. Doch die Herausbildung literarischer Genres erschwerte den Spöttern zunehmend, ihre Herablassung zu rechtfertigen, da der Konsum und die Verbreitung dieser Werke zugleich grundlegende Lese- und Schreibfähigkeiten voraussetzten. Bereits Knigge mahnte seine Zeitgenossen, die Herzlichkeit und Ehrlichkeit sogenannter „einfacher Menschen" wahrzunehmen, da „eine einfache Seele mit dem Herzen besser sieht als manch gebildeter Hofschranze". Dennoch sollte es - mal abgesehen von Comenius - bis in die Neuzeit dauern, dass leichte Lektüre, Comics bis hin zu *Graphic Novels* für die Heranführung ans Lesen als pädagogisch wertvoll erachtet wurden.

Immer mehr Menschen lasen und einige Wenige schrieben, könnte man meinen: Dabei forderte der Ausgleich von Interessen bei anhaltendem Bevölkerungszuwachs über die letzten Jahrhunderte immer mehr Beamtentum! Dank der allgemeinen Schulbildung konnten Bürger immer mehr in die Pflicht genommen werden, an der Verwaltung der kommunalen und steuerlichen Belange mitzuwirken. Nach dem Zweiten Weltkrieg standen Schreibmaschinen und Aktenordner nicht länger nur in Amtsstuben, sondern bald in jedem Privathaushalt. >Wessen Brot ich ess, dessen Lied ich sing< galt scheinbar nicht nur für die Mönche in den Schreibstuben. Es gilt wohl für alle Menschen, und so sind wir alle Beamte geworden, die der Verwaltung dieses Miteinanders dienen. Selbstverwaltung gehört schließlich zum bürgerlichen Bewusstsein: jederzeit einer ungebührlichen Fremdbestimmung Eigenes entgegenhalten zu können. Eigene Ordnung, eigene Belege, eigene Steuererklärung.

Ob wir ein Arbeitszeugnis schreiben oder Rechnungen, eine Steuererklärung machen oder eine Danksagung verfassen. Wir schreiben und schreiben und schreiben ein ganzes Leben lang. Und das Meiste, was wir schreiben, verschwindet zwischen irgendwelchen Aktendeckeln. Bei den einen heißt es dann >VS< wie Verschlusssache, vertraulich, Privatsphäre oder Datenschutz, bei den anderen Geschäftsgeheimnis, Patent, Erfindermeldung oder notarielle Beglaubigung. Wir schreiben im öffentlichen und nichtöffentlichen Raum und glauben, damit diese Welt, in der wir leben, ein Stückchen besser zu machen.

Die Digitalisierung kam vielen gerade recht, um sich eines Jobs zu entledigen, der zu viel Zeit kostete: Beamter unseres Lebens zu sein. Niemand hat uns vor unserer Geburt gefragt, ob wir in einem Land leben wollen, in dem quasi jeder Atemzug dokumentiert werden soll. Wo in der Arbeitswoche noch Zeit eingeplant werden muss, um Bankauszüge abzuheften, Rechnungen zu überweisen, Fahrten und Arbeitsstunden zu dokumentieren und wer weiß was, was diese Zivilisation noch alles an Schreibkram erfunden hat, zu erledigen.

Seit Gründung des Deutschen Reiches 1871 wurde das Postmonopol fest in staatliche Hand gegeben, und einhundert Jahre später war der Briefverkehr die wichtigste Kommunikationsform im privaten und geschäftlichen Bereich. Allein in der BRD wurden zu dieser Zeit jährlich über 20 Milliarden Briefe verschickt, bis in den 1990er Jahren das Faxgerät den Weg für einen Wandel ebnete. Unsere Lust am Schreiben hat ein Bürokratiemonster erschaffen.

Als vermeintliche Erben der Aufklärung und des daraus hervorgegangenen Humanismus halten wir uns ja für *immun* gegen allerlei Aberglauben und Beeinflussung. Das war nicht immer so und nachdem wir uns bereits auf Seite 20 die tatsächliche Alphabetisierungsrate des 19. Jahrhunderts angesehen haben, erlauben Sie mir noch einmal den Exkurs über ein bis heute unsere Fernsehbilder bestimmendes Genre: Kriminalerzählungen. Fernsehen? Genau, über *sprechende Bilder* hatten wir uns schon ausgetauscht, den Siegeszug von Film, Fernsehen und Breitband habe ich innerlich mit der Bemerkung abgehakt: Alles beginnt mit beschriebenen - man könnte auch sagen bekritzelten - Zetteln.

Gerne möchte ich die Entstehung des Kriminalgenres exemplarisch herausgreifen, da sich hierin sehr gut menschliche Grundbedürfnisse nachvollziehen lassen. Als studierte Kulturwissenschaftlerin glaube ich daran, dass das Verständnis für die Welt „vor uns" wesentlich für die Güte der Medienlandschaft ist, die wir erschaffen. Denn wir alle sind Kulturschaffende - jeden Tag, den wir denken, sprechen & schreiben!

Statt uns auf die geniale Ermittlerfigur Dupin zu stürzen, die Edgar Allan Poe im Jahre 1841 erschuf, möchte ich Sie einladen, noch einmal dem Gedanken nachzuspüren, warum die *dunkle Seite* so eine hohe Faszination auf uns ausübt und natürlich, was das alles mit Demokratie zu tun haben könnte. Denn jede Kriminalerzählung dreht sich um den Gebrauch von Macht und die soziale Frage, wie wir damit umgehen wollen. Der Wert von Gerechtigkeit spielt eine Rolle und der fortwährende Fähigkeitsausbau unserer Sicherheitsstrukturen, die wir für ein sicheres Miteinander benötigen.

Seit Anbeginn der Menschheit staunen wir über die Erfahrung von Mord und Totschlag, obwohl doch eines unserer Grundbedürfnisse Überleben ist, wie wir am kooperativen Verhalten eines jeden Neugeborenen erkennen können. Das klingt, als wolle ich bei Adam & Eva anfangen, warum auch nicht? Bereits im Buch aller Bücher - dem Alten Testament - finden wir alle Zutaten für die Kriminalgeschichten, die wir uns bis heute erzählen. Geistige Freiheit und Emanzipation aus Machtstrukturen kommen der Vertreibung aus dem Paradies gleich. Es dauerte noch einmal ein paar Jahrhunderte bis einer einwandte: „Wer frei von Schuld ist, der werfe den ersten Stein!"

Bereits in der Bibel werden Verbrechen wie Mord, Verrat, Diebstahl oder Machtmissbrauch in der Erzähllogik Tat, Motiv, Täter und Strafe dargestellt. Die typischen Elemente aller Schauergeschichten, die jenseits vom Schreibprozess wiedererzählt werden. Stellen wir uns allerdings den Kreislauf von lesen - schreiben - lesen über Generationen hinweg vor, wird uns bewusst, dass jeder Autor des 19. und 20. Jahrhunderts diese Geschichten kannte. Und nicht nur diese. Die Anforderungen eines immer dichteren Miteinanders veranlassten Autoren wie Evagrius Ponticus und Papst Gregor dazu, über Menschen trennende schlechte Gedanken und Laster zu resümieren, die später unter dem Begriff „die sieben Todsünden" durch Thomas von Aquin weite Verbreitung finden sollten.

Keine Obrigkeit konnte den Frieden unter den Menschen sicherstellen, wenn der Einzelne von sich aus keine Maßnahmen ergriff, sich mit seiner eigenen Neigung zu Hochmut, Geiz, Wollust, Neid, Völlerei, Zorn und Trägheit auseinanderzusetzen. Alles für sich genommen vielleicht liebenswerte Eigenschaften, die uns menschlich machen, ungezügelt aber ins sichere Verderben führen können. Zuviel ist zuviel, das dachten sich wahrscheinlich auch die jüdischen Mystiker, die 1000 n. Chr. im *Alphabetum Siracidis* die Figur der Lilith beschrieben. Nach späteren Interpretationen, die erste Frau Adams, die sich nicht in eine patriarchalische Ordnung einfügen wollte und sich der gesellschaftlichen und göttlichen Autorität widersetzte. Eine Antiheldin vom Feinsten würden wir heute sagen, die im beständigen Konflikt mit der etablierten Ordnung verstrickt ist.

Die Zutaten unserer heutigen Kriminalerzählungen waren also reichlich durchdacht und beschrieben. Es fehlte noch das Fernsehen, der Buchdruck, elektrisches Licht und die Lesefähigkeit der Bevölkerung für die Verbreitung des Groschenromans, dürfen Sie einwenden. Aber es brauchte noch etwas, dass die Kriminalerzählung mit einem Schlag so populär machen sollte: die Industrialisierung!

Die über Jahrhunderte durch Stände geprägte Gesellschaft zerfiel mit der aufkommenden Industrialisierung in Milieus und alle Selbstverständlichkeit von Arbeits- und Lebensbiografien war durch etwas Fremdes bedroht. Die heilspendenden Autoritäten von Gestern garantierten nicht länger Gerechtigkeit und Ordnung. Vor allem veränderten die Arbeitszeiten das Zusammenkommen der Menschen. Sprache und Erzählen erfüllt immer eine Funktion.

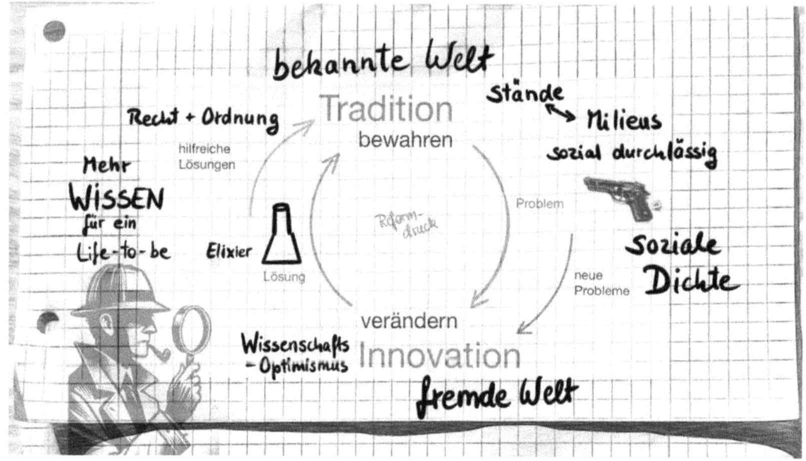

Im 19. Jahrhundert entstand das Narrativ des genialen Ermittlers. Nicht länger ein allwissender Dritter vermittelte, was niemand sonst erkennen konnte, sondern ein Mensch aus Fleisch und Blut. Und das einfach nur, indem er das verfügbare Wissen seiner Zeit anwendete. Das in Unordnung geratene Leben der Menschen, erhielt eine nachvollziehbare Ordnung und Sicherheit durch Menschen, denen man gedanklich ganz nah kommen konnte.

Durch die Lektüre einer Kriminalerzählung konnte man nicht nur teilhaben am modernen Wissensstand des Ermittlers, sondern auch an der Psyche der Beteiligten. Eine enorm wichtige Lernkurve, die neue Sozialkompetenz ermöglichte und die Fragmentierung des Alltags für ein wenig Lesezeit vergessen ließ. So wurden wir alle zu verdeckten Ermittlern, die genussvoll in fremden Milieus spazieren gehen konnten und uns so für ein Life-to-be zu rüsten wussten.

In der modernen Welt war es leichter, zu Geld zu kommen. Außer Reichtum eröffnete auch Bildung und Heirat den Zugang zu bislang fremden Sphären, in denen man sich zu benehmen wissen musste. Gewonnene Mobilität forderte Orientierung in Lebensbereichen, die aus dem eigenen Aufwachsen nicht länger bekannt und verstanden waren. So wie man reich werden konnte, konnte man auch verarmen, wie der gute *Dr. Watson* aus den *Sherlock-Holmes*-Geschichten von Arthur Conan Doyle.

Während Sherlock Holmes ein Unsympath war, den man mit Argwohn und Skepsis begegnete, verkörperte Dr. Watson trotz Doktortitel einen Mann des Volkes, wie man ihn gerne als Nachbarn haben würde. Damit griff Doyle auf seine Art geschickt die Vorbehalte auf, die Menschen seiner Zeit zu viel Wissenschaftszugewandtheit entgegen brachten. Im Gespann verkörperte das Ermittlerpaar Intuition und teilweise Aberglaube des Doktors, zugleich mit kompromissloser Logik und Wissenschaftsneugier auf Seiten des Detektivs.

Wie jeder angesehene Autor hat auch Arthur Conan Doyle mehr als nur Sherlock-Holmes-Erzählungen verfasst. Doch durch die Erfindung seiner klaren Erzählstruktur, die den Sieg der Vernunft über das Chaos auf fesselnde Weise darstellte, wurde er selbst zu einem Star. Ermüdet vom Rummel um seine Figur ließ Doyle 1893 Sherlock Holmes in *The Final Problem* sterben. Allerdings wurde der Druck der Öffentlichkeit so stark, dass er Holmes wieder aufleben ließ. Damit war im kollektiven Bewusstsein endgültig die übermenschliche Rolle, Intellektualität und Unabhängigkeit in einem eigenen Archetyp des perfekten Ermittlers verankert.

Doyle nutzte die öffentliche Aufmerksamkeit und seine Begeisterung für Forensik und wissenschaftliche Ermittlungsarbeit, um sich auch in der Politik und sozialen Fragen zu engagieren. In zwei Fällen half der Autor, indem er die Methoden seiner Romanfigur anwandte, um ungerecht Verurteilte zu rehabilitieren. Damit trug er entscheidend zur Förderung der *Unschuldsvermutung* und der Aufdeckung von Justizirrtümern bei. So machte Doyle den markanten Fall von George Edalji bekannt. Einem anglo-indischen Anwalt, von dessen Unschuld Doyle überzeugt war, der 1903 unschuldig zu einer Gefängnisstrafe verurteilt wurde, weil man ihn fälschlicherweise beschuldigte, Vieh zu verstümmeln. Doyle führte eigene Ermittlungen durch, deckte mehrere Beweisfehler auf und zeigte so, dass Edalji aufgrund rassistischer Vorurteile verurteilt worden war. Aufgrund von Doyles Engagement wurde Edalji 1907 freigesprochen.

Die gesamte Berichterstattung rund um Doyles Engagement trug maßgeblich zur Gründung des *Court of Criminal Appeal* 1907 bei, einer Institution, die sich der Überprüfung von Justizirrtümern widmet. Sein persönliches Wirken verdeutlicht die Bedeutung der Unschuldsvermutung und des fairen Verfahrens, und verhalf dabei, das Vertrauen in das britische Rechtssystem zu stärken.

Für die Zeitungen seiner Zeit war die Trennung zwischen Fiktion und Realität im Fall von Arthur Conan Doyle und Sherlock Holmes äußerst schwer zu fassen. Die Tatsache, dass Holmes als so realistischer Detektiv dargestellt wurde, führte dazu, dass viele Leser und auch Journalisten ihn als quasi reale Person wahrnahmen. Es gab Berichte, in denen Leser angeblich Briefe an Holmes schickten, um ihn um Rat bei realen Kriminalfällen zu bitten. Diese Vermischung von Fiktion und Realität verstärkte sich, als Doyle in echte Ermittlungen wie die des George-Edalji-Falls involviert wurde. Journalisten, die gewohnt waren, klare Rollen zwischen dem realen Leben und den Figuren literarischer Werke zu unterscheiden, standen vor einem Phänomen, bei dem diese Grenzen verschwammen.

Auf der einen Seite erwartete man von Doyle, dass er sich wie Holmes verhielt, auf der anderen Seite war es für viele verwirrend, dass der „Rationalist" Doyle gleichzeitig ein glühender Spiritist war. Die Genreerwartung eines brillanten, aber kühlen Logikers wurde mit der Realität vermischt, in der Doyle als Mensch komplexer und widersprüchlicher war. Neben den Holmes-Geschichten schrieb Doyle auch *The Lost World*, in dem der nicht minder faszinierende *Professor Challenger* eine zentrale Rolle spielt. Mit der Figur, die Wissenschaft, Abenteuer und kontroverse Theorien verband, überforderte Doyle die meisten seiner Zeitgenossen, legte damit aber schon den Grundstein heutiger Science-Fiction-Erzählungen. Challenger war ein Rebell, eine Mischung aus Wissenschaftler und Abenteurer, der zeitlebens im Schatten von Holmes stand. Er spiegelt uns das Ausmaß der Tiefe und Weitsicht des Autoren als Seismograph gesellschaftlicher Entwicklung wider. Doyle, der nicht nur schrieb, sondern auch selbst viel las, war weniger wissenschaftsgläubig als ihm oft posthum zugeschrieben wird.

Die Erwartung von Lesenden spielt eine entscheidende Rolle beim Erschaffen von Literatur, insbesondere im Hinblick auf Formate, Rollen und Genres. Leser bringen feste Vorstellungen mit, wenn sie sich den Freiraum geben, in ein bestimmtes Genre einzutauchen. Diese Erwartungen strukturieren die Art und Weise, wie wir ein Werk wahrnehmen. Wenn ein Detektivroman verspricht, dass am Ende der Täter gefunden wird, erwarten Leser eine logische Aufklärung des Falls. Ähnlich verhält es sich mit Rollenbildern: In einem Krimi tritt der Ermittler in die Rolle des Problemlösers, der im Rahmen des Genres bekannte Muster bedient. Werden diese Erwartungen bewusst erfüllt oder geschickt überdehnt, entsteht Spannung und Faszination. Leser-Erwartungen bieten also eine Art „Leitfaden" für den kreativen Prozess und die Art, wie Geschichten konsumiert werden. Sie schaffen Ordnung in der Vielfalt literarischer Produktionen und geben sowohl den Lesenden als auch den Schreibenden einen gemeinsamen Rahmen.

Doch gerade in dieser Balance aus Erwartung und Innovation liegt auch die Möglichkeit für Schreibende, neue Narrative zu etablieren. Indem wir Genres bewusst dehnen oder Rollenbilder hinterfragen, können Schreibende das Publikum überraschen und neue Denkansätze einführen. So nehmen Schreibende als Kulturschaffende die Erwartungen ihrer Zeit auf und entwickeln diese in neuen Erzählstrukturen weiter. Arthur Conan Doyle tat dies, als er in seinen Sherlock-Holmes-Geschichten nicht nur den klassischen Detektiv nutzte, sondern verstärkt auch wissenschaftliche Methoden populär machte. Mit *The Lost World* führte er eine neue Erzählform - Science-Fiction - ein, die Abenteuer mit wissenschaftlicher Spekulation verband. Innovationen innerhalb von Formaten schaffen neue literarische Trends und verändern die Art und Weise, wie Leser über die Welt nachdenken und kommunizieren. Fortsetzend.

Hingegen lasen sich viele politische Schriften dieser Ära, in der über 90 % der Bevölkerung in Großbritannien und anderen westlichen Ländern bereits alphabetisiert waren, in erschreckender Weise unaufgeklärt. Werke, die oft die „natürliche" Überlegenheit des Mannes gegenüber dem „weiblichen Geschlecht", der „anderen Hautfarbe" oder unterworfenen Regionen propagierten, wie es im Rahmen des europäischen Kolonialismus und Imperialismus üblich war. Sie verteidigten Herrschaftsansprüche und diskriminierende Regierungsformen, während sie patriarchale Strukturen weiter legitimierten. Solche Schriften blieben deutlich hinter den sozialen Ideen von Kriminalerzählungen zurück, wo Fragen von Gerechtigkeit, Ordnung und sozialer Mobilität beherzt aufgegriffen wurden. Es ist klar zu erkennen, dass Fiktion in ihrer Unterhaltsamkeit oft mehr Menschen erreichte und zukunftszugewandter war als „ernsthafte" politische Debatten.

Das Gefühl, sich gut unterhalten zu fühlen, ging mit dem Erleben von vermeintlicher Interaktivität einher: Durch das Lösen von Verbrechen wurden Grundfragen der Moral, des Rechts und der Gerechtigkeit in den Fokus gerückt und so wichtige gesellschaftliche Fragen indirekt verhandelt. Der gern belächelte Eskapismus des Krimi-Genres rückt die Eigenverantwortung des Einzelnen und seine Verantwortung für die eigene Gesellschaft in den Mittelpunkt.

Ein tieferes Verständnis von Rollen, wie es später von Erving Goffman formuliert wurde, hilft uns, die Dynamik des sozialen Lebens zu begreifen. In einer fragmentierten Gesellschaft muss jeder Mensch erkennen, dass er nicht nur eine, sondern viele Rollen in verschiedenen Kontexten spielt – sei es als Arbeitnehmer oder -geber, Familienmitglied, Bürger, Konsument, usw. Rollenzuschreibungen führten in der Menschheitsgeschichte zu neuen Erwartungen und Verantwortlichkeiten, die je nach Umfeld variieren.

Das ständige Wechselspiel zwischen beruflichen, familiären und gesellschaftlichen Rollen wurde zu einem wichtigen Faktor für das individuelle wie kollektive Überleben in der modernen, industrialisierten Welt.

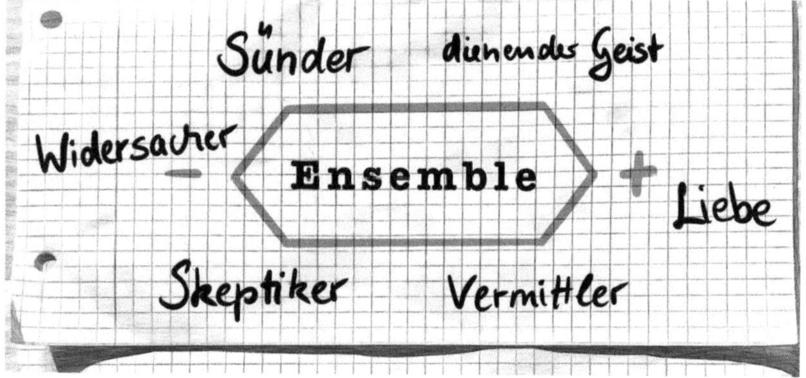

Die Fähigkeit, flexibel auf diese Rollenanforderungen zu reagieren und zu verstehen, wann und wie man sich anpassen muss, wurde zu einer Schlüsselkompetenz. Dies ist bis in unsere heutige Zeit relevant, in der Menschen oft zwischen Privatleben und öffentlicher Sphäre hin- und herwechseln müssen, um ihre Existenz zu sichern. Rollenerwartungen wurden immer komplexer, und ein tieferes Verstehen von Erwartungen hilft, das eigene Handeln und das Handeln anderer besser einzuordnen und darauf zu reagieren.

Kriminalerzählungen sind besonders geeignet, die Rolle des einzelnen Menschen in der Gesellschaft widerzuspiegeln. Figuren wie der Detektiv oder der Täter sind stark an spezifische soziale Rollen gebunden und wir als Publikum entwickeln Erwartungen, die sich aus diesen Rollen ergeben. Doch wie im realen Leben gibt es auch in der Fiktion Momente, in denen diese Rollen gebrochen oder unterlaufen werden, was uns dazu bringt, über unsere eigenen sozialen Rollen und Erwartungen nachzudenken.

Was schreiben?

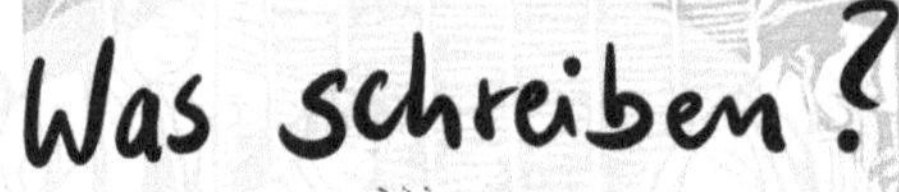

Bestimmt gehören Sie noch zu den Generationen, die mit Beantwortung der vermeintlichen W-Fragen in Schule und Ausbildung gelernt haben, Berichte und Aufsätze zu verfassen? Warum auch nicht, arbeiten doch tausende Zeitungsredaktionen auch damit?

Oberflächlich betrachtet scheinen die W-Fragen – Wer, Was, Wann, Wo, Warum und Wie – ein zuverlässiges Werkzeug zu sein, um Informationen zu strukturieren und vollständige Antworten zu liefern. Doch wenn wir uns auf die bloße Beantwortung dieser Fragen beschränken, riskieren wir, lediglich die Oberfläche eines Sachverhalts abzubilden, ohne dessen Tiefen wirklich zu durchdringen. Was uns dann fehlt, ist die Fähigkeit zur Sinnstiftung – das Erfassen des Wesentlichen hinter den Fakten.

Während wir eine Zeitung in einer ritualisierten halben Stunde zur Hand nehmen und „überfliegen" - wie mein Vater so schön zu sagen pflegt - würde es einen Menschen 8 - 10 Stunden Zeit kosten eine typische Tageszeitung wirklich Zeile für Zeile zu lesen. Über 100.000 Buchstaben, für die sich Medienschaffende im Schnitt 200 Arbeitsstunden untereinander aufteilen, um diese für den Zeitungsdruck in Form zu bringen. Arbeitszeit, die Recherchieren, Schreiben, Redigieren und Faktenprüfen umfasst. Zusätzlich kamen bei der klassischen Zeitungsherstellung noch weitere Stunden für Produktion, Layout und Fotografie hinzu, was die Gesamterfordernis für die Fertigstellung einer einzigen Ausgabe deutlich erhöht.

Die W-Fragen zwingen uns zwar, Informationen zu sammeln, aber sie helfen uns nicht automatisch dabei, diese Informationen in einen bedeutungsvollen Zusammenhang zu setzen.

Erfahrene Journalisten hingegen verstanden ihr Handwerk und trugen bereits im 19. Jahrhundert durch ihre forschende Haltung zu wichtigen Demokratisierungseffekten bei. Wissen um Missstände und Machtmissbrauch wurden so einer breiten Menge zugänglich gemacht. Soweit die Erfolgsmeldung. Aber jede Sache hat bekanntlich ja zwei Seiten. Mit Anerkennung der Presse als „vierte Gewalt" innerhalb einer Demokratie - neben Legislative, Exekutive und Judikative - geht der Mythos einher, es gäbe eine neutrale Berichterstattung.

Blödsinn! Aber so sind eben Narrative, die der Eitelkeit Mächtiger dienen: Einfach nicht totzukriegen! Denn die Zeitungen waren lange mächtig, bevor - Sie wissen schon - es Internet gab.

Für welches Medium Sie auch schreiben mögen, befreien Sie sich von der Vorstellung, Sie würden neutral berichten. Niemand kann - selbst unter Berücksichtigung der W-Fragen - völlig neutral schreiben, da jede Auswahl von Informationen, jede Formulierung und jeder Schwerpunkt eine persönliche Perspektive widerspiegelt. Die W-Fragen (Wer, Was, Wann, Wo, Warum, Wie) lenken zwar den journalistischen Fokus, aber die Interpretation der Fakten und die Art und Weise, wie Wörter und Buchstaben kombiniert werden, sind immer subjektiv. Kulturelle, politische und soziale Hintergründe des Schreibenden beeinflussen unwillkürlich seine Berichterstattung, selbst wenn er Objektivität anstrebt.

Kein Wunder also, dass studierte Lehrer in der Regel die Aufsätze von Kindern aus studierten Elternhäusern besser benoten. Der Spracherwerb des Schreibenden prägt nicht nur den von ihm (unbewusst) gewählten Inhalt, sondern auch die (unbewusste) Wahrnehmung des Lesenden. Es ist nicht nur die Auswahl der Fakten, sondern auch, wie diese präsentiert und interpretiert werden, die eine gewisse Subjektivität in jede Berichterstattung einfließen lässt. Neutralität bleibt dabei eine theoretische Zielsetzung.

Wir sollten die heilige Kuh der vorgeblichen Neutralität endlich mal dem Gnadenhof überlassen und uns dem Wert bewusster Perspektive öffnen. Nur indem wir unsere vom Leben geprägte Einzigartigkeit anerkennen, können wir authentisch kommunizieren.

Statt Neutralität um jeden Preis erlangen zu wollen, könnte das Bewusstsein über unsere Voreingenommenheiten und die Reflexion darüber helfen, unsere Sicht auf die Welt transparenter und ausgewogener zu gestalten. So wird eine wirklich informierte Diskussion erst möglich. Eine, die nicht vorgibt, objektiv zu sein, sondern bewusst Position bezieht.

Wenn wir aber - wie oft genug gehabt - „nur beschreiben", ohne zu reflektieren, ohne zwischen den Zeilen Gedankenfutter zu bieten, dann lesen die Betrachter gar nicht mehr, sondern „überfliegen", mit der Gefahr, größere Zusammenhänge zu verkennen. Bleibt uns nicht allen dann das Wesentliche verborgen?

Einer, der wirklich noch Zeitung las, war Alfred Hitchcock. Er zog seine Inspiration oft aus kleinen Meldungen, indem er alltägliche Geschichten von Verbrechen und Missgeschicken aufgriff und in seiner einzigartigen Erzählweise transformierte. Hitchcock war ein Meister darin, Spannung aufzubauen, indem er das Publikum gezielt in Unwissenheit ließ und gleichzeitig die Charaktere in bedrohliche Situationen führte. Seine Geschichten waren keine neutralen Berichte, sondern tief personalisierte Perspektiven auf die Abgründe menschlicher Ängste und Schwächen – immer mit einem Hauch von Ironie. Bereits mit den Drehbüchern, die er schreiben ließ, verstand er, seine Produktionsteams zu bannen. Er sah Drehbücher als Werkzeug und Ausgangspunkt, um seine visuellen Ideen weiter zu entwickeln. Oft sagte er, der eigentliche Film entstehe in der Vorplanung. Das Drehen selbst sei nur noch die Ausführung seiner bereits im Kopf entstandenen Szenen.

Der Schreibprozess bei Hitchcock war ein kollaborativer, kreativer Akt, bei dem jedes Wort präzise gewählt wurde, um die Spannung zu verdichten und Atmosphäre zu formen. Dazu arbeitete er mit einigen der besten Drehbuchautoren seiner Zeit zusammen. Seine Fähigkeit, alltägliche Nachrichten in packende Erzählungen zu verwandeln, trug zu seiner Reputation als „Master of Suspense" bei. Nix W-Fragen runterleiern oder so, sondern Rätsel pur.

Lesen und „Lesen wollen" erfordert Sitzfleisch und die Energie, nichts Anderes tun zu wollen. So träumen viele Schreibende, in ihre Texte so viel *Suspense* - Nervenkitzel - einzubauen, dass der Leseprozess dank einer feinen Balance zwischen der Erzeugung von Spannung und der geschickten Präsentation von Fakten begünstigt wird. Solch eine Dynamik erfordert beim Schreibprozess den bewussten Einsatz von Information und Erwartung. Hitchcock ließ die Leser und Zuschauer nicht einfach Fakten abhaken oder plumpen Auflösungen folgen, sondern schuf eine Atmosphäre des ständigen Rätselns. So wird Spannung nicht nur durch das „Was folgt als Nächstes?" erzeugt, sondern auch durch das „Wie?" und „Warum?".

Rätsel und Ungewissheit sind für den Suspense in jedem Leseprozess wichtig. Leser müssen genug Information erhalten, um der Darstellung folgen zu können, aber nie so viel, dass sie alles verstehen. Dieses Ungleichgewicht erzeugt den Sog, der sie Seite für Seite weiterziehen lässt. Die W-Fragen können dabei durchaus eine Rolle spielen, aber nicht als schlichte Checkliste – vielmehr als offene Fragen, die im Verlauf der Geschichte dynamisch bleiben. Wenn zu viel zu schnell gelöst wird, schwindet der Reiz, und die Augen huschen nur noch über die Zeilen. Bis, ja bis etwas *Ungereimtes*, etwas Komplexes in den Buchstabenreihen auftaucht, das wieder Vertiefung sucht.

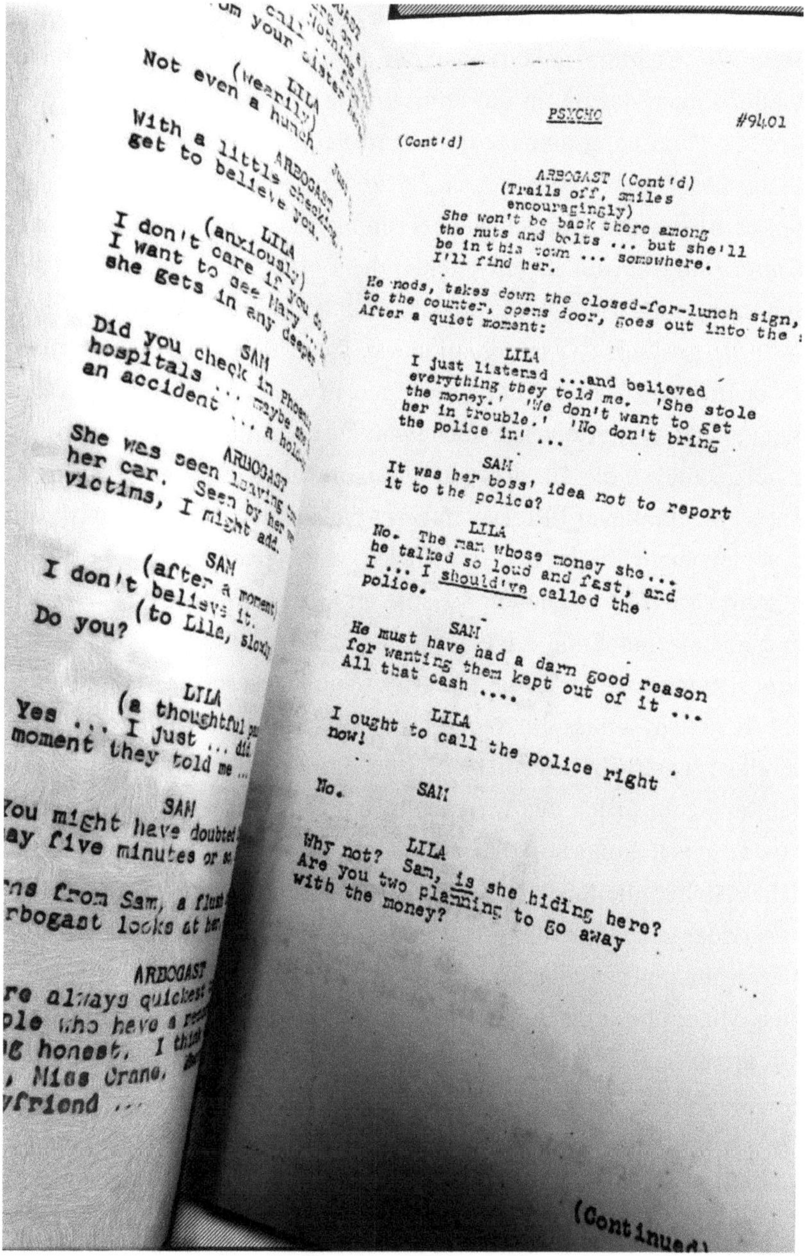

              LILA
            (wearily)
      Not even a hunch ...

              ARBOGAST
      With a little checking ...
      get to believe you.

              LILA
            (anxiously)
      I don't care if you ...
      I want to see Mary ...
      she gets in any deep...

              SAM
      Did you check in Phoe...
      hospitals ... maybe sh...
      an accident ... a hold...

              ARBOGAST
      She was seen leaving ...
      her car. Seen by her ...
      victims, I might add.

              SAM
            (after a moment)
      I don't believe it.
            (to Lila, slowly)
      Do you?

              LILA
            (a thoughtful pa...
      Yes ... I just ... di...
      moment' they told me ...

              SAM
      You might have doubted...
      ay five minutes or s...

      ...ns from Sam, a flush...
      ...rbogast looks at her...

              ARBOGAST
      ...re always quickest ...
      ...ple who have a re...
      ...g honest, I thin...
      ..., Miss Crane, ...
      ...yfriend ...

PSYCHO   #9401

(Cont'd)

              ARBOGAST (Cont'd)
            (Trails off, smiles
             encouragingly)
      She won't be back there among
      the nuts and bolts ... but she'll
      be in this town ... somewhere.
      I'll find her.

He nods, takes down the closed-for-lunch sign,
to the counter, opens door, goes out into the ...
After a quiet moment:

              LILA
      I just listened ...and believed
      everything they told me. 'She stole
      the money.' 'We don't want to get
      her in trouble.' 'No don't bring
      the police in' ...

              SAM
      It was her boss' idea not to report
      it to the police?

              LILA
      No. The man whose money she...
      he talked so loud and fast, and
      I ... I should've called the
      police.

              SAM
      He must have had a darn good reason
      for wanting them kept out of it ...
      All that cash ....

              LILA
      I ought to call the police right
      now!

              SAM
      No.

              LILA
      Why not? Sam, is she hiding here?
      Are you two planning to go away
      with the money?

                                        (Continued)

Bewusst setzt der Schreibende auf die Effektivität langsamen Lesens. Beim „slow reading" geht es nicht nur darum, jedes Wort zu genießen, sondern auch darum, in die Stimmung und den Aufbau des Textes einzutauchen. Langsames Lesen verstärkt die Wirkung von Suspense, da der Leser gezwungen ist, sich Zeit zu nehmen, um die Nuancen des Textes zu erfassen. Ähnlich wie bei Hitchcocks Filmen, in denen er die Kamera langsam auf ein entscheidendes Detail zusteuern ließ, bis die Spannung unerträglich wurde, kann auch ein Text, der stufenweise enthüllt, größere Spannung aufbauen. Es ist dieses Tempo, das den Leser in einen Zustand der unruhigen Erwartung versetzt und ihn dazu bringt, weiterzulesen, auch wenn er die Antworten nicht sofort erhält. Dabei ist die Aussicht auf Auflösung aber wichtig.

Nach der Boulevard-Presse nutzen viele Online-Plattformen den beschriebenen Effekt aus, um Klicks zu generieren, ohne wirklich Inhalte von Wert zu bieten. Sie spielen mit der Neugier der Nutzer, nur um sie am Ende zu enttäuschen. Statt Antworten zu liefern oder Themen zu vertiefen, endet der Inhalt oft abrupt oder bleibt oberflächlich, sodass die Neugier der Interessierten nicht befriedigt, sondern regelrecht bestraft wird. Dies führt nicht nur zu Frustration, sondern zum Bruch des Vertrauens, der langfristig die Qualität des Austauschs in Frage stellt.

Schriftsteller, die Suspense effektiv nutzen, wissen, dass Leser und Zuschauer gerne spekulieren. Wir genießen es, im Unklaren gelassen zu werden und so Raum für eigene Gedanken zu haben. Sie verstehen, dass Spannung im richtigen Maß dosiert werden muss: Genug, um uns anzuregen, aber nicht so wenig, dass unser Interesse erlischt.

Heutzutage verbringen wir im Durchschnitt mehr als zwei Stunden täglich mit dem Folgen, Lesen und Scrollen durch Social Media. Nicht am Stück, sondern über den Tag verteilt, wobei unbeantwortete Kommentare und Fragen unser Interesse wachhalten.

Dieses beständige Mehr an Informationen und die Art, wie wir sie aufnehmen, verändern unsere Erwartungen an Inhalte und Genres. Früher - vor dem Internet - war Schreiben oft stärker an handwerkliche Format-Erwartungen gebunden, vergleichbar mit '*Malen nach Zahlen*'. In den Achtzigern prägten Formeln und Retorteninhalte viele Genres. Doch die Herausforderungen des Alltags, von denen wir zunehmend überwältigt werden, haben neue Genreformen hervorgebracht, die uns helfen, diese Realität zu bewältigen. Erinnern wir uns ruhig noch einmal: Genres wie der Kriminalroman oder Thriller spiegeln den menschlichen Drang wider, Ordnung im Chaos zu finden. Sie sind nützlich, weil sie nicht nur unterhalten, sondern uns auch helfen, Sinn in der Ungewissheit des Lebens zu erkennen.

In den redaktionsfreien Räumen des Internets hingegen entfesselt sich das menschliche Schreiben als kreativer Prozess. Als ein einzigartiges Schaffen jenseits der Grenzen des rein Handwerklichen. Menschen *wie Du und ich*, ob Blogger oder Autoren, verstehen, dass nicht das blinde Befolgen von Genre-Konventionen andere fesselt, sondern die richtige Mischung: Es ist dieser Wechsel zwischen dem, was wir erahnen, und dem, was uns unerwartet trifft, der uns tatsächlich gefangen hält.

Für Viele ist dieses Neue der Raum für Innovation, der eine tiefere Verbindung zwischen Erzählen und Publikum schafft. Die Bühne für Influencer, Fake News und massenhafte Meinungsmache sagen die anderen. Mit etwas menschheitsgeschichtlicher Gelassenheit dürfen wir festhalten: Wir alle sind dabei, es herauszufinden!

Fakt ist: Der enorme Finanzbedarf für die Herstellung klassischer Medien, der bei weitem nicht mit den paar Euro am Kiosk abgegolten werden kann, lässt sich nicht mehr über eine Mischkalkulation mit Anzeigen finanzieren und die gern betonte, redaktionelle Arbeit von „Qualitätspresse" verliert ihre wirtschaftliche Basis.

> *„Die guten alten Zielgruppen haben ausgedient. Sie bieten keine brauchbaren Ziele mehr. Die Konsumenten von heute sind vielmehr schizophrene, multiple Persönlichkeiten, die sich gegenüber Produkten und Marken immer weniger konstant und loyal verhalten. Das Ausleben möglichst vieler Verfassungen, Gestimmtheiten prägt ihr Konsumverhalten.“*
>
> *rheingold Institut Köln, „Das Ende der Zielgruppen?“, 2005*

Die traditionellen Zielgruppen, auf die sich Kulturschaffende lange verlassen haben, existieren nicht mehr in der gewohnten Form. Stattdessen erleben wir heute Menschen, die sich ständig neu erleben und in ihrer Identität wie ihrem Konsumverhalten fragmentiert sind. Was: fragmentiert - zerstückelt - da wären wir vom Thriller ja schon bei Splatter angekommen? Wie ist das zu verstehen? Beachten wir die Rollenvielfalt, der wir im modernen Leben gerecht werden müssen, agieren wir - wie im Zitat treffend formuliert - mehr und mehr als multiple Persönlichkeiten, die sich gegenüber Marken und Medien uneinheitlich und unberechenbar verhalten. In einer Welt, in der Menschen durch digitale Plattformen in ständige Stimmungswechsel versetzt werden, verschwimmen auch unsere Rollen als Medienschaffende und -nutzer.

Das Internet bietet uns sowohl Raum für kreativen Austausch als auch eine Bühne für Konflikte. Unser Austausch - für das gemeinsame Überleben - ist im Digitalen nicht weniger sinnvoll. Wenn wir lernen, die Widersprüche dieses neuen Erlebens auszuhalten und konstruktiv zu gestalten, dann bleibt auch die Demokratie stark: insbesondere in einer zunehmend fragmentierten Gesellschaft.

Akzeptieren wir die ständige Veränderung unserer eigenen Identität, erscheinen uns die oft unvorhersehbaren Interaktionen im Netz „natürlich". Diese Vielfalt ist manchmal herausfordernd, aber sie ist auch die Chance, den öffentlichen Raum aktiv mitzugestalten.

Cloud-Infrastrukturen verändern nachhaltig, wie und für wen wir schreiben. Die Kommunikation über Smartphones und soziale Medien, die früher als rein unterhaltsam und oberflächlich belächelt wurde, hat längst eine politische Dimension erreicht. Spätestens seit ein US-Präsident per Twitter – völlig außerhalb diplomatischer Protokolle – ein Treffen mit einem isolierten Kleinstaat-Diktator verabredete, konnten auch Bildungseliten Internet-Kommunikation nicht länger marginalisieren. Ob Social Media in Zeitverschwendung endet oder nicht: Solche unvorhersehbaren Ereignisse markieren, wie tief die digitalen Strukturen in den öffentlichen und politischen Raum eingreifen. Was einst als banal galt, ist heute Teil der globalen Diskurse und hat das Potenzial, weltpolitische Dynamiken zu verändern. Schreiben und angemessen antworten zu können, geht über den reinen Gebrauch von Emojis hinaus.

Demokratien, die den Staat vom Menschen her denken, und Vielfalt einfordern, müssen im öffentlichen Raum – zu dem das Internet letztendlich zählt – darstellen können, wie Vielfalt auszuhalten ist. Mehr noch, sie müssen zeigen, wie dieser gemeinsame Raum durch konstruktive Beiträge spannend und wertvoll gestaltet werden kann. Da sind wir alle gefragt! Was Hitchcock mit seiner Kamera in den Fokus rückte, kann jedem von uns – in einem Chat-Verlauf oder einem Kommentar – mit *Framing* gelingen.

Mit der richtigen Rahmensetzung - eben Framing - können wir, Aspekte, die uns wichtig sind, je nach Wortwahl oder Betonung so in Szene setzen, dass wir beeinflussen, wie sie bei anderen ankommen. Gleichzeitig erlaubt uns aktives Zuhören, wahrzunehmen, aus welcher Perspektive mein Schreibpartner die Dinge sieht.

Die Autoren von 'Effizienter Kommunikation' beschreiben, wie wir Inhalte bewusst und zielgerichtet vermitteln, um produktive Diskussionen zu ermöglichen. Dazu ist es wichtig, immer wieder einen *Common Ground* herzustellen - also eine gemeinsame Basis konsensfähiger Annahmen und Ziele. Jeder kennt die Redensart „ein Wort ergab das andere ...". Scheinbar fühlt man sich in einer Interaktion gefangen. Doch sind wir in Kommunikationen nicht passive Opfer, sondern aktiv Gestaltende, die mit jeder neuen Aussage oder Reaktion den weiteren Gesprächsfluss beeinflussen.

> ***„Beim Denken in Spiralen sieht man den Kommunikationspartner nicht als Gegner an und das Ziel besteht nicht darin, ständig die Ansichten des Anderen zu widerlegen, sondern es geht um die Entwicklung eines neuen, innovativen Gedankenganges zur Lösung eines Problems."***
>
> *Ant / Nimmerfroh / Reinhard, „Effiziente Kommunikation", 2013, S. 123*

Indem wir uns regelmäßig am fairen und offenen Diskurs üben, lernen wir selbst und bewusst Rahmen zu setzen, in denen wir Themen miteinander verhandeln wollen. Für alle Menschen ist es wichtig, konstruktiv mit Framing umgehen zu lernen, um sich von geistigen Geiselnehmern zu befreien. Erkennen wir einseitige Argumentationen, die Fakten ungleich gewichten wollen, liegt es an uns, ob wir uns im Gleichklang hinwegspülen lassen oder Ungereimtheiten hinterherspüren wollen.

Der offene, redaktionsfreie Diskursraum *'Internet'* verwehrt uns die Auswahl, von wem wir lesen oder wer uns seine Meinung zumuten darf. Was im Digitalen zur Erfindung und Verbreitung von >Gruppen< beitrug, die ihrerseits ihre analogen Vorläufer in Lesezirkeln, sozialen Vereinen und Stammtischen hatten. Eben Gruppen, die ihren Mitgliedern einen begrenzten Austausch von Ideen und Informationen bieten, die oft auf gemeinsamen Interessen, Werten oder politischen Überzeugungen basieren. Diese selbstgewählten Filterblasen schränken uns auf Dauer ein, indem sie uns immer wieder mit denselben Meinungen und Perspektiven konfrontieren, anstatt uns neue Perspektiven aufzuzeigen. Im Internet verstärken solche *Bubbles* vorgefertigte Ansichten, bis Bildung und Reflexion irgendwo auf der Strecke bleiben.

Die klassischen W-Fragen können unserer Orientierung dienen: Wer spricht? Was wird gesagt? Wann und wo findet der Austausch statt? Warum antworten wir so, wie wir es tun? Was ist bekannt, was sucht Veränderung? Dieses beständige Hinterfragen hilft uns nicht nur, Informationen zu sammeln, sondern auch jede Kommunikation in ihrer Tiefe zu durchdringen.

Wir brauchen die Worte der Vielen, um zur Verständigung über das Gemeinte zu kommen. Um neue Lösungen zu finden und hinter dem Sammelsurium von Fakten das Wesentliche zu erkennen.

Werde ich nach dem Krassesten gefragt, was ich jemals geschrieben habe, fällt mir ein Komma mit sechs Worten ein. Der Beratungsprozess für diese Gesetzesänderung mag mit Pausen anderthalb Jahre und Unmengen an Papieren verschlungen haben. Auch dauerte es noch weitere Jahre, um all die parlamentarische Zustimmung einzuheimsen, die unsere Gesetze eben brauchen. Aber etwas geschrieben zu haben, das fortan das Leben von Hunderttausenden von Menschen beeinflussen wird, hat mir im erwachsenen Alter eine tiefe Ehrfurcht vor dem Schreiben und der Tradierung unserer Gedanken und Wünsche abgerungen.

Sicher wundert es Sie wenig, wenn ich Ihnen erzähle, dass ich schon zweimal auf der Insel Herrenchiemsee war, um mir die Dauerausstellung zum Verfassungskonvent anzuschauen, wo vor 75 Jahren der Grundrechtskatalog für unser deutsches Grundgesetz erarbeitet wurde. Wenn Sie mal wieder eine tiefe innere Unzufriedenheit und Frustration über den aktuellen Politikbetrieb umtreibt, dann empfehle ich Ihnen diesen Ausflug. Oder um es mit den Worten eines sehr lieben und inzwischen leider verstorbenen Mitstreiters zu sagen: Was glauben Sie eigentlich, Frau Ansén, warum wir Politik machen? Weil wir es können!

Für ihn stand völlig außer Frage, ein Leben ohne Politik zu führen. Denn er hatte die Schrecken miterlebt, die falsche Politik über Menschen bringt. Politik, die versagt hat. Keine Verantwortung zu übernehmen, war für ihn keine Option. Inzwischen leben wir in ruhigeren Zeiten, und es ist seinen Generationen zu verdanken, die persönliche Einschränkungen in Kauf nahmen, um das gemeinsame Überleben und die Errungenschaften, die wir heute genießen, abzusichern.

„Politik - igitt! Mit so einem dreckigen Geschäft will ich nichts zu tun haben." Bitte, glauben Sie mir, diesen Ausspruch habe ich schon mehr als einmal gehört. Wir alle sind zu den Beamten unseres Lebens geworden, und insbesondere in einer Demokratie sollte niemand auf die Idee kommen, sich einfach wegducken zu können. Denn Demokratie ist mehr als die Summe ihrer Teile. Demokratie, die ihren Namen verdient, gedeiht auf dem Miteinander von Respekt, Vielfalt und Teilhabe.

„Politik sei ja nicht das Problem", meinen Viele, die von Berufs wegen damit zu tun haben, „aber diese vielen Menschen!" Chance und Terror liegen auf Haaresbreite beieinander. Tatsächlich hilft es, wenn viele Menschen zusammenkommen, auf Schrift zurückgreifen zu können und Vereinbarungen und Regeln zur weiteren Konsensbildung niederzuschreiben: So wie von Anbeginn unserer Menschheit!

In den acht Jahren meiner ehrenamtlichen Arbeit für unsere Demokratie haben sich über zwanzig Aktenordner Papiere angesammelt. Bei meiner Arbeit für die Gemeinde über zehn und allein Schulpflegschaft und Fördervereine sind noch einmal vier Ordner. Unsere Demokratieprozesse scheinen von schreibenden Menschen bevölkert. Zwar versprechen cloudbasierte *Confluence*-Systeme Abhilfe, allein die Umstellung dieser alle paar Jahre - in der wir den Alt-Datenmüll ja nicht mitschleppen wollen - lassen uns die eigene Ablage mit gemischten Gefühlen betrachten. Zehn Jahre Aufbewahrungspflicht untermauern das Recht auf Vergessen. Aber wie formt sich dann unser Bewusstsein für Prozesse? Insbesondere für unsere Demokratie?

In Washington fiel mir 2014 im Wartebereich des Besucherzentrums des Capitols ein Schriftzug auf, der in riesigen Lettern in die Wand graviert war: *Consideration - consideration - consideration.* Der *Guide* versicherte, wie stolz man darauf sei, wie lange der

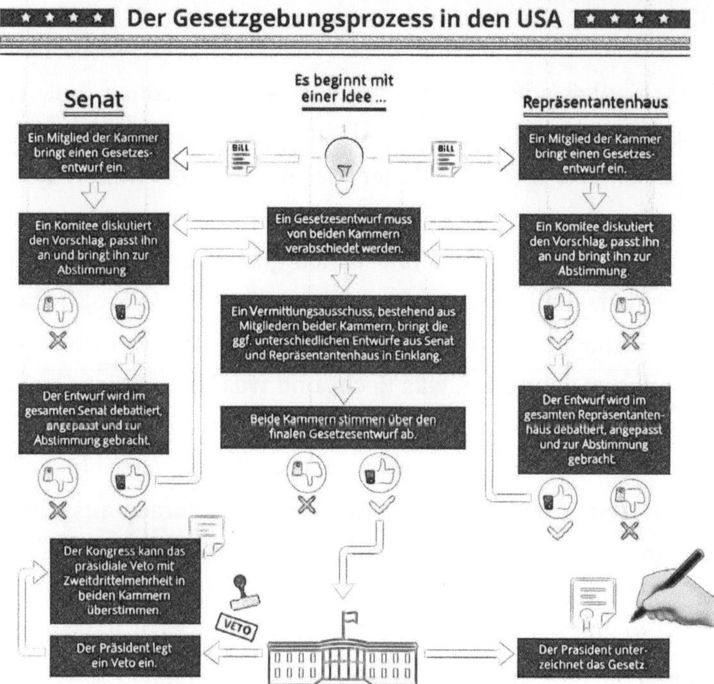

Beratungsprozess für ein einziges Gesetz sei, denn schließlich müssten ja die Menschen in fünfzig Bundesstaaten hinter dem Gesetzesinhalt stehen. Bei einem Flächenland wie den USA, wo *law enforcement* je nach sozialer Dichte kaum noch umzusetzen ist, ist die innere Überzeugung, die Gesetze seien für alle verbindlich, von hoher Bedeutung. Nicht selten liest und hört man: „It's the law!"

Diese vier Worte werden herangezogen, um auf Regeln oder Vorschriften hinzuweisen, die nicht nur Empfehlungen sind, sondern gesetzlich verpflichtend eingehalten werden müssen. Solche Sticker findet man häufig an öffentlichen Orten, auf Schildern oder Produkten, um auf bestimmte Gesetze hinzuweisen – zum Beispiel zu Sicherheitsbestimmungen, Geschwindigkeitsbegrenzungen oder gesundheitlichen Vorschriften.

Unterschiedliche Parlamente gehen unterschiedlich mit einmal miteinander vereinbarten, schriftlichen Verabredungen um. Während in Deutschland die Anzahl der Gesetze immer weiter zunimmt, gibt es andere Länder, die bewusst viele Regelungen gar nicht in Gesetzestexte überführen. Tatsächlich gibt es hier große kulturelle Unterschiede. Italien hat fünfmal so viel Gesetze wie Großbritannien. Überall braucht es Anwälte, Notare und oft viel Geduld, um überhaupt zu verstehen, was Recht und was Unrecht ist. Das Gefühl für Gerechtigkeit bleibt dabei manchmal auf der Strecke.

Unser Gesetzgebungsprozess in Deutschland, der in wenigen Wochen zum Abschluss kommen kann, ist darauf ausgelegt, die Handlungsfähigkeit der Regierung zu sichern. Mit dem Ergebnis, dass wir über 1.700 Bundesgesetze mit mehr als 50.000 Paragraphen und fast 2.800 Rechtsverordnungen haben, Tendenz steigend. Hinzu kommen die Regelungen der sechzehn Länder. Puh!

Anlässlich einer Gedenkfeier *'70 Jahre Grundgesetz'* im deutschen Bundestag las der Enkel von Theodor Heuss aus dessen Notizen vor: „Das Grundgesetz müsse klar und kurz ... mit Rücksicht auf Gefühle [verfasst] sein." Scheinbar ist es nicht nur wichtig, auf was wir uns in Demokratieprozessen einigen, sondern auch, wie wir es aufschreiben. Unsere deutsche Demokratie hat ihre jugendliche Unschuld und Unmittelbarkeit längst verloren.

Verbunden mit dem verwaltenden Beamtenapparat erscheinen den Menschen die modernen Demokratien als Moloche: schwerfällig, zeitraubend, für die Bewältigung der Probleme des Heute und Morgen nicht mehr geeignet? Dabei schnitten die demokratisch geführten Länder, die an die Eigenverantwortung und Mitarbeit der Bürger appellieren, im Umgang mit der letzten, weltweiten Pandemie Covid-19 insgesamt besser ab. Trotz aller berechtigter Zweifel ist Demokratie auch 2024 besser als ihr Ruf!

Mitdenken, mitsprechen und mitmachen macht nicht nur Spaß, sondern bringt auch bessere Ergebnisse hervor.

Schauen wir auf das Wirtschaftswachstum und die Verbesserung der Lebensumstände der Menschen in den baltischen Staaten innerhalb der letzten dreißig Jahren, verstehen wir, was benachbarte, veraltete Autokratien in Unruhe versetzt. Heute kreisen Bilder und Mitteilungen ungehindert um die Welt. Und so wandert die Jugend, die Entwicklungschancen für sich und ihre Kinder suchen, nach Europa. Völkerwanderung ist kein neuzeitliches Phänomen, aber die höhere Mobilität von Menschen reißt Familien und Traditionen auseinander. Wir sind mittendrin, dieses neue Miteinander zu begreifen und zu organisieren.

Vor über zehn Jahren befand die Regierung Irlands, dass sie in ihrem traditionsreichen Land mit ihren wenigen Mehrheitsprozenten nicht allein über neue Gesetze und die Überprüfung bestehender Gesetzeslagen befinden sollte, und organisierte einen basisdemokratischen Verfassungskonvent.

Zu den drängenden, gesellschaftspolitischen Themen dieser Zeit gehörten neben der Verkürzung der Amtszeit des Präsidentschaftsmandats, Reduzierung des Wahlalters auf 16 Jahre, Reform des Dáil-Wahlsystems, Entfernung der Blasphemie als Straftatbestand aus der Verfassung, Förderung der Beteiligung von Frauen im öffentlichen Leben und Gleichstellung aller Geschlechter in der Verfassung auch die „Ehe für alle".

Bürger aus allen Gesellschaftsschichten und Politiker waren eingeladen, um für die irische Verfassung, die für ihre katholischen Traditionen bekannt war, neue Vorschläge zu erarbeiten. So wurde ein sicherer Rahmen geschaffen, für eins der bislang spannendsten und vielleicht auch mutigsten, demokratischen Experimente Irlands.

Und wer diskutierte dabei? Ganz normale Bürger, quer durch die Bevölkerung – von der 20-jährigen Studentin bis zum Rentner aus dem Dorf.

Dieser Beratungsprozess zog sich über drei Jahre hin, in denen diskutiert, gestritten und jede Menge Papier beschrieben wurde. So wie das eben ist, wenn viele Meinungen aufeinandertreffen. Zur „Ehe für alle" kristallisierten sich zwei gegensätzliche Hauptpositionen heraus:

Die Befürworter argumentierten, dass die *Ehe für alle* nicht nur ein Grundrecht sei, sondern auch die Gleichberechtigung in der irischen Gesellschaft stärkt. Warum sollten gleichgeschlechtliche Paare weniger Rechte haben? Es gehe nicht um Sonderrechte, sondern um gleiche Rechte für alle. Unterstützt wurde diese Haltung von zahlreichen Prominenten und Politikern, die eine inklusive Gesellschaft forderten.

Die Gegner hingegen warnten vor einer „Zerstörung der traditionellen Ehe". Sie befürchteten, dass die Einführung der gleichgeschlechtlichen Ehe zu einem Werteverlust führen würde und glaubten, dass nur die Ehe zwischen Mann und Frau die Grundlage der Familie und somit der Gesellschaft sein kann.

Während des irischen Beratungsprozesses zur „Ehe für alle" verschoben sich die Ansichten der Teilnehmer merklich. Zu Beginn des Verfahrens waren viele unsicher oder standen der Idee kritisch gegenüber. Doch im Laufe der intensiven Diskussionen, die sich über mehrere Jahre erstreckten, änderten viele Teilnehmer ihre Meinung. Umfragen zeigten, dass diejenigen, die an den Beratungen der Bürgerversammlung teilnahmen oder gut informiert waren, eher dazu neigten, mit „Ja" zu stimmen. Das Abwägen von Argumenten und vor allem die sachlichen Diskussionen, Anhörungen und die Präsentation von Expertenmeinungen veränderte die Menschen.

Der Beratungsprozess in der Bürgerversammlung zeigte, wie tiefgehende Debatten und Austausch auf Augenhöhe einen wichtigen Beitrag zur Meinungsbildung leisten können. Tatsächlich empfahl die Versammlung 2013 mit einer Mehrheit von fast 80 %, die Verfassung zu ändern, um gleichgeschlechtliche Ehen zu ermöglichen. Irland war bereit für eine große Veränderung. Diese Empfehlung wurde der irischen Bevölkerung vorgelegt.

So kam nach etlichen weiteren Sitzungen und Debatten 2015 das Referendum. Ganz Irland stimmte ab: Mit 62 % sagte die Mehrheit der Iren: Ja, wir wollen die *Ehe für alle*! Eine klare Botschaft – und eine, die das Land und seine Gesetze nachhaltig veränderte.

Kein Erfolg, der einfach über Nacht kam! Öffentlichkeitskampagnen, emotionale Berichte und eine Flut von Gesprächen in den sozialen Medien schufen das nötige Umfeld, das die Entwicklung brachte. Aber ein Beweis dafür, wie Wandel möglich ist – miteinander!

Kollaboratives Schreiben, insbesondere bei so komplexen Dingen wie einem Konsenspapier, bringt zahlreiche Herausforderungen mit sich. Diese Schwierigkeiten können in der Koordination, der Kommunikation und der inhaltlichen Abstimmung zwischen den beteiligten Autoren liegen. Es ist natürlich, auf Konflikte zu stoßen.

Menschen
sind
wichtiger
als Worte!

Die Frage ist, wie gehen wir damit um.

Falls Sie die Erfahrung wirklich noch nie gemacht haben: Sie können sich kaum vorstellen, wie verbissen Menschen, trotz ihres Wunsches nach Übereinkunft, über das *letzte richtige Wort* streiten können. Nach einem längeren Prozess, in dem mir die Vermittlung zwischen zwei Positionen nicht gelang, nahm ich mir einen Stift und notierte auf einen Zettel: > Menschen sind wichtiger als Worte! < Seitdem hängt dieser Zettel mahnend über meinem Arbeitsplatz. Denn als eine der Autoren war mir klar geworden, dass wir mit den Menschen, die sich für diese Prozesse zur Verfügung stellen, zu einem späteren Zeitpunkt ja weitere Lösungen finden wollen.

Wie gelingt es überhaupt, mit vielen Menschen an der Erstellung von Dokumenten zu arbeiten? Vielleicht ist Ihnen während einer Sitzung schon einmal der Ausspruch begegnet: > Es wurde schon alles gesagt, aber noch nicht von jedem! < Um solchen Situationen vorzubeugen, kann eine klare Sitzungsstruktur mit einer guten Moderation helfen. Immer geht es darum, *Common Grounds* zu erarbeiten. Fragen wir gezielt nach neuen, konstruktiven Beiträgen und vermeiden Wiederholungen, bleiben Diskussionen fokussierter und im Ergebnis produktiver.

Wie das Lesen kann auch ein aufmerksam geführter Diskurs unser Bewusstsein so verändern, dass wir uns lebendig und bereichert fühlen. So sollten wir auch Protokolle gestalten: Einerseits um nicht-anwesenden Menschen die Chance auf Teilhabe zu ermöglichen und weiter uns zu zwingen, die gewonnenen, multidimensionalen Gedanken durch das Aufschreiben in eine lineare Anordnung von Buchstaben zu formen. Am besten in klare, greifbare Worte! Die Fähigkeit zur sprachlichen Verdichtung zahlt sich hierbei wieder aus, will man keine blutleeren, langweilende Schriftstücke erzeugen, die sich nur für Lochen & Abheften eignen.

Sitzungen können sehr ermüdend sein, besonders wenn wir uns auf aktives Zuhören konzentrieren, um alle Details und Nuancen einer Diskussion aufzunehmen. Aktives Zuhören erfordert ständige Aufmerksamkeit, was sowohl geistig als auch emotional anstrengend sein kann. So müssen wir nicht nur Worte verstehen, sondern auch zwischen den Zeilen lesen, die Körpersprache beachten und die Gefühle und Ansichten der anderen Teilnehmer einordnen.

Pausen sind wichtig!

Das Mitschreiben eigener Notizen ist bei allen technischen Möglichkeiten, die wir heute haben, eine wichtige Technik, um Anregungen, Meinungen und Entscheidungen festzuhalten. Im Rausch des gesprochenen Wortes vermischen sich diese Inhalte sonst schnell mit den eigenen Gedanken zu neuen Ideen. Was an und für sich ja nicht schlecht ist, aber manche Teilnehmer so abdriften lässt, dass wir Mühe haben, noch den roten Faden ausfindig zu machen. Aus diesem Grund ist es bis heute üblich, dass Parlamentssitzungen Wort für Wort protokolliert werden. So sind öffentliche Teile dieser Sitzungen fortan auch für später Interessierte zugänglich.

Tieferliegende Meinungsverschiedenheiten, Fixierung auf Details und emotionale Aufladung von Argumenten lassen uns manchmal zweifeln, ob wir noch zum eigentlichen Kern eines Problems vordringen können. Ich sage mir dann immer: Freu Dich über jeden Widerspruch, er macht Dein Denken klarer. Ablenken, Umlenken - was bei der Kindeserziehung schon super klappt - zahlt sich auch unter Erwachsenen aus. Einfach das Gespräch kurz auf die Meta-Ebene lenken und so aus den Mühlen des Klein-Klein gemeinsam heraustreten: So ist es uns möglich, uns wieder auf die übergeordneten Ziele oder Inhalte zu konzentrieren.

Herausforderung	Lösungsansatz
Meinungsvielfalt dokumentieren	Unterschiedliche Perspektiven gehen oft verloren, wenn abweichende Meinungen geglättet werden. Es braucht eine bewusste Dokumentation aller Standpunkte, um ein vollständiges Bild der Diskussion zu erhalten.
Prozesshaftigkeit statt nur Endergebnisse	Häufig werden nur Endentscheidungen festgehalten, ohne die Schritte und Diskussionen, die zu ihnen geführt haben. Der Diskussionsverlauf sollte dokumentiert werden, um spätere Überprüfungen und Anpassungen zu erleichtern.
Abweichende Meinungen wertschätzen	Widersprüche werden oft als Hindernis statt als wertvolle Beiträge angesehen. Respektvolle Dokumentation dieser Ansichten ermöglicht es, blinde Flecken zu erkennen und zu robusteren Lösungen zu kommen.
Verantwortlichkeiten & Feedbackschleifen	Ohne klare Zuständigkeiten und Feedbackmechanismen können Missverständnisse und Verzögerungen entstehen. Regelmäßige Feedbackrunden und festgelegte Verantwortlichkeiten sorgen für klare Abläufe.
Strukturierte und klare Protokolle	Protokolle sind oft unübersichtlich oder zu ausführlich. Eine klare Gliederung der Punkte, Meinungen und Entscheidungen sorgt für bessere Verständlichkeit und ermöglicht eine schnelle Orientierung.
Protokolle als dynamisches Werkzeug nutzen	Protokolle werden oft als statische Dokumente betrachtet, die nach der Sitzung an Bedeutung verlieren. Sie sollten als lebendige Referenz für künftige Diskussionen und Entscheidungen dienen.

Schreiben ist nicht nur ein Handwerk, sondern ein Akt der Verantwortung, der uns in die Lage versetzt, unsere Gesellschaften zu prägen. Dabei sind wir selbst als Teil der Gesamtheit vielmehr Medium, das einen Stift halten kann, als dass wir alleinige Ideengeber wären. Wir fischen aus dem kollektiven Fluss der Gedanken, was uns hilfreich erscheint, und präsentieren es so, dass es andere wiederum zum Weiterdenken inspiriert. In den seltensten Fällen schreiben wir wirklich etwas für die Ewigkeit. Und wenn, sind dies nur Fragmente und keine Bücher wert.

Es ist erstaunlich, wie kleine Details zu den größten Diskussionen führen können. Genau in diesen Momenten offenbaren sich die wahren Herausforderungen unseres menschlichen Schreibens in der Gruppe. Es ist nicht länger der richtige Gebrauch der Worte, sondern die Menschen und ihre Überzeugungen, die hinter den Diskussionen stehen, die diesen Prozess so komplex machen. Wenn wir uns jedoch daran erinnern, dass „Menschen wichtiger als Worte sind", können wir gemeinsam Lösungen finden, die langfristig tragfähig sind. Am Ende des Tages zählt, dass wir aufeinander zugehen und die Fähigkeit bewahren, auch zukünftig miteinander zu schreiben.

Schreiben ist deutlich mehr als nur ein Werkzeug, um Gedanken festzuhalten: Es ist unser mächtigstes Mittel, um gemeinsame Vorstellungen zu formen. Gerade in einer Demokratie sind die Gespräche und Kompromisse, die hinter jeder Formulierung stehen, der wichtigste Teil des Prozesses. Nicht jedes Detail ist entscheidend, aber der Austausch darüber schärft unser Denken und unser Verständnis für die Perspektiven anderer. Wenn wir das im Hinterkopf behalten, können wir auch die schwierigsten Sitzungen produktiv und sinnvoll gestalten – denn am Ende geht es nicht nur um die Worte auf dem Papier, sondern darum, wie wir gemeinsam zu diesen Worten gekommen sind.

Die Vorstellung, alle Schreibarbeit würde in Zukunft von willigen Schreibassistenten künstlicher Intelligenz erbracht, ist ein sehr einseitiges Heilsversprechen. Klar, mit 50-100 Zeichen pro Sekunde haben wir damit in vielen Situationen eine entlastende Hilfe. Allerdings geht es gar nicht darum, jemanden zu finden, der für uns schreibt, sondern Menschen zusammenzubringen, die darüber nachdenken, was überhaupt niedergeschrieben werden soll.

Politik war, ist und wird immer ein Teamsport bleiben, bei dem Hauptamtliche und Ehrenamtliche Hand in Hand arbeiten, um den öffentlichen Raum und die demokratischen Prozesse zu gestalten. Das Miteinander beider Gruppen ist für den gesellschaftlichen Zusammenhalt und seine Fortentwicklung unersetzlich.

Der irische Verfassungskonvent, aus dem die Empfehlung zur *Ehe für alle* hervorging, dient uns als jüngeres Beispiel, wie kraftvoll unser demokratischer Austausch sein kann. Wir müssen nicht immer nur auf weit zurückliegende Diskurse wie die des römischen Senats, der französischen Nationalversammlung, der Gründung des Völkerbunds, der Klausurtagung auf Herrenchiemsee, usw. zurückblicken, was wir dank ihrer hinterlassenen Worte können.

In Irland wurden Menschen unserer Zeit aus unterschiedlichen Hintergründen zusammengebracht, um gemeinsam zu diskutieren und schließlich eine Entscheidung vorzubereiten, die eine ganze Nation veränderte. Dabei ging es nicht nur darum, einen Paragraphen der Verfassung umzuschreiben, sondern einen Dialog zu führen, der alle Perspektiven berücksichtigt.

Schreiben und gemeinsame Entscheidungen erfordern eben mehr als nur Tinte auf Papier – sie erfordern das Zuhören, Verstehen und den Willen, gemeinsam an Lösungen zu arbeiten.

Magie
Das Kind das du gestohlen hast.

SARAH WILL NICHT BABYSITTEN
SIE MÖCHTE IHREN BRUDER ZU DEN KOBOLDEN WÜNSCHEN

Koboldkönig
bring dieses Kind weit weg von mir!

SO WIRD DAS NIE WAS
Wo hat sie das denn her? Sie hat noch nicht mal "Ich wünschte" gesagt!

Ich wünschte, ich wüsste, was ich sagen muss.

Ich wünschte,
die Kobolde
würden kommen
und Dich holen,
jetzt in diesem
Augenblick
-
Ganz einfach!

- Hat sie es gesagt?
- Halt die Klappe!

Ich wünschte, die Kobolde würden kommen und dich holen.
TOBY
Warum weinst du nicht?

Heute verwalten wir nicht mehr allein das Wissen unserer Welt. Künstliche Intelligenz (KI) unterstützt uns und soll uns von manchem Mühsal erleichtern. Doch wie können wir diese Magie zum Leben erwecken und diese Sprachmodelle in Aktion versetzen? Die Präzision unserer Sprache entscheidet darüber, ob wir die gewünschte Hilfe erhalten oder wir eher von mangelnder Kooperation genervt sind. Eigentlich gar nicht so neu?

Die Faszination der Sprache als „ursprünglichen Zauber" hat bereits Sigmund Freud beschrieben. Für die frühen Menschen war Sprache das Medium, um die Realität zu formen, das Magische greifbar zu machen, die Welt durch Worte zu beeinflussen.

Erinnern wir uns ruhig noch einmal, wie erstaunlich es für uns Menschen gewesen sein mag, als die ersten unserer Vorfahren Worte und Begriffe aussprechen konnten. Archäologische Funde wie die Acheuléen-Faustkeile in Afrika zeigen, das bereits vor 1,76 Millionen Jahren einige wenige unserer Vorfahren auf solch kognitive Fähigkeiten zurückgriffen, die ihnen ermöglichten, solch komplexe Werkzeuge herzustellen. Diese Werkzeuge waren nicht bloß improvisiert. Ihre Reproduktion erforderte präzise Planung, mehrschrittige Techniken und den Austausch von Wissen innerhalb der Gemeinschaft. Ohne eine Form von Sprache oder zumindest symbolischer Kommunikation wäre es kaum vorstellbar, wie dieses Wissen weitergegeben wurde. So trafen Innovation und Tradition bewusst aufeinander.

Steve de Shazer ergründet in seiner Arbeit zu den Anfängen der Psychotherapie ähnlich wie Mike Mandl, wie bloße Gedanken unsere Sprache formen und wir durch den bewussten Einsatz dieser '*von der Problemsprache zur Lösungssprache*' gelangen können.

Schon immer begleitete uns Sprache in ihren feinsten Nuancen wie sie - einem Zauber gleich – verändert, inspiriert und neue Möglichkeiten schafft. Wie wichtig es ist, die richtigen Worte zu sprechen, lehren uns zahlreiche Märchen bis in die Moderne.

Spielerisch erfahren wir, wie entscheidend die richtige Anwendung von Sprache und das korrekte Erinnern an Details sein kann. Ob ich mich als Kalif von einem Storchen zurückverwandeln will, mich als Ali Baba aus der Räuberhöhle retten möchte, oder hoffe, dass sich mein Tisch reich deckt oder mich der Knüppel aus dem Sack beschützt: Ein falsch erinnerter Zauberspruch kann großen Schaden anrichten, wie uns auch Goethe in seinem Gedicht vom Zauberlehrling lehrt. Unvergesslich geworden durch die Szenen, die Walt Disney für uns mit Mickey Mouse dazu geschaffen hat.

„Sprich nur die richtigen Worte!" gilt ebenso für die Benutzung von Sprache im digitalen Raum.

Jede Fortbildung zur KI-Nutzung wirbt für die Magie der richtigen „Prompts", jener Eingaben, die Sprachmodelle wie ChatGPT lenken. Wer die richtigen Worte findet, kann nicht nur im Märchen, sondern auch in unserer Welt große Veränderungen bewirken. Um Sprachlosigkeit zu überwinden, widme ich diesem wichtigen Zukunftsthema ein eigenes Kapitel.

Die Verantwortung, kommende Generationen mit digitaler Medienkompetenz auszustatten, ist immens.

Wer sich um *Bildung für alle* sorgt, der täte gut daran, möglichst viele Menschen in möglichst rascher Zeit an den interaktiven Prozess von KI-Benutzung heranzuführen. Lernen, interaktiv, möglichst Viele?

Das bedeutet, mit dem Thema aktiv in die Schulbildung zu gehen? Genau.

Schüler sollen die grundlegenden Konzepte verstehen, die maschinelles Lernen, Algorithmen und Datenverarbeitung voraussetzen. Dies kann auf spielerische Weise erfolgen, z. B. durch Programmieren einfacher KI-Anwendungen oder interaktive Beispiele. Soweit, so bekannt, die Forderung ist nicht neu.

Aber Sprachmodelle wie ChatGPT? Wie sollen denn dann noch alle Schreiben lernen? Ähnlich wie zu Zeiten Sokrates, in der sich über die Verwendung von Schrift als *die* Revolution für allgemein verfügbare Bildung gestritten wurde, stehen wir heute wieder an einer Schwelle unserer Menschheitsgeschichte und zögern.

Unsere Arbeitswelt wird sich in den kommenden Jahren immens verändern und wir haben die Verantwortung allen nachwachsenden Generationen gegenüber. Wieder einmal haben wir der Herausforderung gerecht zu werden, uns als lernende Organisation Menschheit weiterzuentwickeln und zur Sinnstiftung beizutragen. Dazu ist es entscheidend, dass Kinder in gemeinsamen Lernprozessen erkunden: Wie beeinflusst KI unsere Privatsphäre, Arbeitsplätze oder soziale Gerechtigkeit?

Sprachmodelle wie ChatGPT haben das Potenzial, jeden einzelnen Schüler individuell zu fördern und gezielt auf seine Fragen und Bedürfnisse einzugehen. Sie bieten Erklärungen und Beispiele, passen den Schwierigkeitsgrad flexibel an und unterstützen individuelle Lernstile. Kein Unterrichtsausfall, sondern Lernen wann und wo immer die Neugier ruft. In einer demokratischen Ordnung, die auf Inklusion und Vielfalt baut, muss der Zugang zu Kulturtechniken für alle zugänglich sein. Durch den richtigen Umgang mit ChatGPT und anderen KI-Tools kann unsere Wortgewandtheit gefördert werden. So wird Sprache strategisch eingesetzt und zugleich hinterfragt.

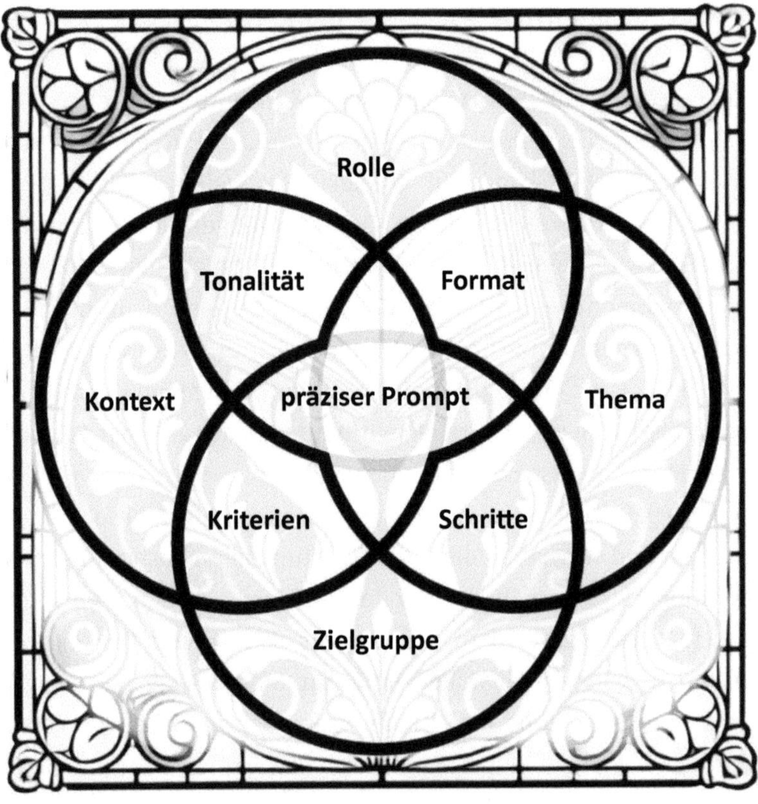

Sofern Sie zu den Menschen gehören, die bislang bewusst einen Bogen um KI-Anwendungen gemacht haben: Sie finden im Anhang eine Schritt-für-Schritt-Anleitung, wie Sie eigene Erfahrungen gewinnen können. Wenig überraschend sehen Sie im oben abgebildeten Schaukasten bis auf das Wort „Prompt" keine Begriffe, die wir in den vorhergegangenen Seiten nicht schon einmal betrachtet hätten.

Ob es um Teilhabe in Demokratieprozessen geht, oder die Teilhabe an digitaler Entwicklung: Kennen wir die richtigen Worte und Befehle, können wir uns mitteilen, unsere Meinung äußern und zur kollektiven Entscheidungsfindung beitragen. Immer und immer wieder!

Demokratische Gesellschaften basieren auf der Fähigkeit ihrer Bürger, informierte Entscheidungen zu treffen und Diskurse wachzuhalten. Die Auseinandersetzung mit KI in Form von ChatGPT ermöglicht uns einmal mehr, kritisch zu denken, komplexe Zusammenhänge zu verstehen und uns aktiv in Gemeinschaft einzubringen. Unser Alltag profitiert heute schon von Spracherkennung, Bildverarbeitung und personalisierten Plattformen. Ein Sprachmodell wie ChatGPT kann jedem Menschen ein geduldiger und respektvoller Tutor sein, der sich den Bedürfnissen seines Nutzers anpasst. Lernen, wo immer ich bin, wann immer mich meine Neugier umtreibt.

Dazu muss ich dem Sprachmodell sagen oder schreiben, in welcher Rolle es mit mir agieren soll. Soll ChatGPT wie ein Tutor, ein Coach oder ein Experte auftreten? Dies beeinflusst die Art und Weise, wie es antwortet und welche Art von Informationen oder Anweisungen es liefert. Genauso wichtig ist es, dass ich zum Ausdruck bringe, welche Erwartung ich an die Antwort habe: Möchte ich einen Essay, eine kurze Liste, einen Dialog oder eine umfassende Analyse? Durch eine klare Angabe zum Format bestimme ich die Struktur des Ergebnisses. Und das in der Art und Weise, wie ich das Ergebnis lesen möchte: formal, sachlich oder humorvoll. Die Tonalität hilft uns dabei, dass wir die Antwort passend für den Kontext finden. So sollten wir unsere Fragen direkt an ein eingegrenztes Thema und einen umrissenen Kontext knüpfen, damit die vorgeschlagenen Schritte unseren Kriterien entsprechen. Nur wir wissen, welche Zielgruppe wir im Kopf haben, wenn wir das Gespräch mit ChatGPT suchen. Wenn wir das alles zu beherzigen wissen, bekommen wir meist mit der ersten Antwort die nötige Tiefe, die uns zum nächsten Gedankenschritt befähigt.

Wie beim guten Schreiben: Die Kunst des Promptings ist weniger Magie als vielmehr Präzision: Je klarer und bewusster wir fragen, desto wahrscheinlicher erhalten wir eine zielgerichtete Antwort.

Ein Sprachmodell wie ChatGPT erzeugt Antworten durch eine Berechnung von Wahrscheinlichkeiten und setzt dabei auf sogenannte *Tokens* – Wortfragmente oder ganze Wörter, die schrittweise in eine Antwort eingebaut werden. Jedes Token wird auf Basis der vorherigen Wörter oder Tokens mit einer gewissen Wahrscheinlichkeit ausgewählt. Diesen Wahrscheinlichkeitsprozess auf Magie zu reduzieren, wäre jedoch ein Missverständnis, denn es ist ein mathematisch definierter Prozess und kein Zauber. Während die KI sozusagen „vorhersieht", welches Wort als nächstes folgen könnte, bleibt ihre Antwort auf Mustern und Wahrscheinlichkeiten aufgebaut – nicht auf kreativem oder mystischem Denken.

Je länger Menschen die Augen vor den Chancen von gleichberechtigt genutzter KI verschließen wollen, desto länger werden sich Mythen verbreiten, wie toll oder wie sinnlos der Gebrauch von künstlicher Intelligenz ist. Nach wie vor bestimmen wir den Kontext.

Historische Zaubersprüche sind seit Jahrhunderten Teil menschlicher Erzähltraditionen und Rituale. In vielen Kulturen galten diese Sprüche als mystische Formeln, die nur durch den richtigen Gebrauch ihre Wirkung entfalten konnten. Oft waren sie in alten Sprachen oder Dialekten verfasst, was ihnen eine zusätzliche Aura von Geheimwissen und Macht verlieh. Diese Zauberformeln sollten Naturkräfte beeinflussen, Schutz gewähren oder verborgene Türen öffnen – sei es zu Wissen oder übernatürlichen Kräften.

Wenn wir diesen historischen Bogen in die Gegenwart spannen, sehen wir eine ähnliche Dynamik im Umgang mit der künstlichen Intelligenz. In den letzten Jahrzehnten hielten sich hartnäckig die Erzählungen, wir müssten alle programmieren lernen. Stattdessen brachten findige Menschen der KI bei, zu programmieren, und alles, was wir in Zukunft dazu noch brauchen, ist: unsere Sprache!

Die Fähigkeit, KI zu verstehen und richtig mit ihr zu kommunizieren, entscheidet darüber, ob wir ihre volle Kraft nutzen können oder ob sie für uns *stumm* bleibt. Das Elixier der heutigen Zeit besteht darin, zu erkennen, dass Sprache, ob damals oder heute, mehr ist als bloße Information – sie ist der Schlüssel zu Macht und Veränderung.

Und manchmal muss es eben schnell gehen! Für die Probleme unserer immer dichter bevölkerten Welt haben wir nicht noch einmal ein paar Millionen Jahre zur Verfügung. Egal wie gebildet und belesen ich bin, erkenne ich im Austausch mit ChatGPT sehr schnell, was ich (noch) nicht weiß und welche Aspekte für meine Entscheidungsfindung wertvoll sind.

Die Dynamik zwischen individuellem Wissen und kollektiver Intelligenz bringt uns auf den Weg zu einem neuen Lernen. ChatGPT vernetzt die Schriften von Menschen miteinander, die über Kontinente und Generationen hinweg ihre Gedanken preisgaben. Ein „Deep Learning" entsteht, wenn durch die Teilhabe von Menschen weltweit das bestehende Wissen der Welt nicht nur erlernt, sondern gleichzeitig ständig weiterentwickelt wird. Dabei entsteht eine Art „Weltbibliothek", die Wissen tradiert und zugleich entwickelt. In Zukunft werden wir viel schneller Wissensinhalte aufbauen und abrufen können. Transgenerationales Lernen, das lange Zeit fast ausschließlich durch mündliche und schriftliche Überlieferung innerhalb kleinerer Gemeinschaften stattfand, ist durch KI und globalen Austausch in eine neue Ära getreten.

Diese neue Form der Lernkultur wird für uns entscheidend sein, die Herausforderungen unserer Zeit in der Geschwindigkeit und Tiefe anzugehen, die unser Leben in einer globalen und komplexer gewordenen Welt erfordert. Denn zum gemeinsamen Überleben brauchen wir wieder mal neue Lösungen!

Unsere Gedanken, ob bewusst oder unbewusst, sind immer im Fluss, und es fällt schwer, sie festzuhalten und auf Papier zu bringen

Solange wir leben, ist alles in Bewegung und ständiger Veränderung unterworfen: nicht nur unsere Gedanken, auch unser Stoffwechsel. In unseren Nervenbahnen werden Informationen ununterbrochen hin- und hergereicht. Was wir fühlen, beeinflusst, was wir denken, was wir tun und sagen, und natürlich, was wir schreiben.

Heraklit fasste diese Beobachtungen in zwei Worten mit dem Grundsatz zusammen: *panta rhei* - „alles fließt".

Wir können nicht zweimal in denselben Fluss steigen. Der Strom des Lebens, der uns umgibt, führt ständig neuen Quell. Gedanken, selbst nur auf einem Zettel, einer kleinen Notiz oder in hilfreichen Worten festzuhalten, ist mit allerlei Mühe verbunden, haben wir uns doch gegen alles Natürliche zu stemmen.

Und dennoch tun wir es, weil wir es können. Weil wir gelernt haben, dass ein einziger guter Gedanke Berge versetzen kann und anderen Menschen zugutekommt - bestenfalls gemeinsames Überleben begünstigt. Wir leben vom und durch den Austausch mit anderen, wi sind durch und durch soziale Wesen.

Haue ich ein wenig Tinte auf Papier, kann ich zufrieden sein, auch ohne ein Buch geschrieben zu haben. Denn alles, was wir schreiben, schreiben wir bewusst, in diesem Moment des Innehaltens - am besten mit Freude. Wir bestimmen Kontexte und wir wählen aus der Fülle der Laute und Silben aus, was uns in diesem Wimpernschlag der Zeit hilfreich erscheint. Künstliche Intelligenz und digitale Medien mögen uns beim Strukturieren unterstützen, doch das eigentliche Festhalten und Gestalten bleibt ein zutiefst menschlicher Akt. Und genau das schauen wir uns in diesem letzten Kapitel an.

Verstehen wir, dass die menschliche Entwicklung - noch klarer das Leben selbst - ein nie abgeschlossener, sich wandelnder Prozess ist, dann ist uns auch klar, dass unsere Sprache nie zur Ruhe kommt.

Bereits Goethe hinterließ uns mit seiner umfassenden Beschreibung der Morphologie ein Gerüst, um dem erkennbaren Wandel in Lebenszyklen nahezukommen. Betrachten wir den Wandel der „Ehe" über die letzten vier Generationen, stolpern wir unweigerlich darüber, dass sich unsere rechtlichen und gesellschaftlichen Kontexte - einer Pendelbewegung gleich - stark verschoben haben.

Anfang des 20. Jahrhunderts galt die Ehe fast ausschließlich als eine heterosexuelle, religiöse Institution, deren Hauptziel die Fortpflanzung und das Schaffen eines wirtschaftlichen und sozialen Bündnisses war. Bis in die 50er und 60er Jahre war sie in vielen Ländern stark patriarchal geprägt, und Frauen vermissten eigenständige Rechte. Erst 1958 wurde in Deutschland das sogenannte Gehorsamsrecht des Mannes abgeschafft, und erst ab 1977 konnten Frauen ohne Zustimmung ihres Ehemannes berufstätig sein. In diesen Zeiten hätte sich „Ehe für alle" mehr wie ein Aufruf zur Versklavung als zur Emanzipation angehört.

Überhaupt war die Frage, ob Monogamie überhaupt *natürlich* sei, im Diskursraum angekommen. Mit den Bewegungen für Frauenrechte und Gleichberechtigung in den 60er Jahren begann sich die Ehe hin zu einer Partnerschaft zwischen Gleichen zu entwickeln. Ehepaare konnten sich nun auch einfacher scheiden lassen, ohne dass dies einer gesellschaftlichen Ächtung gleichkam. Liebe und emotionale Verbundenheit gewannen für Bindungswillige an Bedeutung und wurden zum Maß aller Dinge. Liz Taylor heiratete acht Mal. Die Liberalisierung der Scheidungsgesetze führte fortan in vielen westlichen Ländern zu einem deutlichen Anstieg der Scheidungsrate. Ein Zusammenleben ohne Eheschwur wurde für viele zur Alternative.

Die Niederlande waren 2001 das erste Land, das die gleichgeschlechtliche Ehe legalisierte. Heute wird die Ehe zunehmend als Partnerschaft auf Augenhöhe verstanden– eine dynamische Entwicklung, die kulturelle und gesellschaftliche Vorstellungen und Rollenbilder neu verhandelt. In manchen Teilen der Welt jedoch bleibt das traditionelle Ehebild bestehen, fest verwurzelt in einer Sichtweise, die Geschlechterrollen als von Natur oder Gott gegeben betrachtet. Dabei bleibt die patriarchale Führungsrolle des Mannes ebenso selbstverständlich wie die häusliche Rolle der Frau.

Stehen wir also mit einer beliebigen Anzahl von Menschen unterschiedlicher Herkunft und unterschiedlichen Alters an einer Bushaltestelle und jemand erwähnt das Wort „Verheiratung" werden allerlei Kontexte im Bewusstsein all dieser Menschen bewegt, von denen die wenigstens uns vollends bewusst sind.

Wilhelm Salber übertrug Goethes morphologischen Ansatz in die Psychologie, indem er den Bedeutungswandel im Erfahrungsraum einzelner Menschen und unserer Gesellschaft beachtete. Er untersuchte nicht nur, wie sich Begriffe und Bilder verändern, sondern auch, wie sie in uns neue Bedeutungen und Vorstellungen hervorbringen. Jede Verwendung eines Begriffes zieht eine Vielzahl von weiteren Bedeutungen und Interpretationen nach sich, die sich im Zusammenspiel von Kultur, Zeitgeist und persönlicher Erfahrung formen. Diese Dynamik prägt uns im Alltag bewusst wie unbewusst und beeinflusst, welche Wirklichkeit wir formen.

Schauen wir auf die heutige Vielfalt der Deutungen des Ehebegriffs, sehen wir die morphologische Logik in Aktion: So ist die Ehe eben kein statisches, sondern ein lebendiges, sich wandelndes Konzept, dessen Kontext wir immer wieder neu erleben. Oder wie es im Irischen so schön heißt: „Die Ehe ist ein versiegeltes Schreiben, das wir erst auf hoher See öffnen."

Von David Hume über Wilhelm Salber bis hin zu Steven Pinker wird klar: Die mit Abstand wichtigsten Worte, die wir verwenden, sind die Verben. Sie sind weit mehr als nur Handlungsanweisungen oder Zustandsbeschreibungen – sie formen unser Verständnis von der Welt. Hume beschreibt dies in der Struktur seiner lateinischen Begriffe: *esse* (sein), *nosse* (wissen) und *velle* (wollen). Diese Begriffe stehen nicht nur für Zustände, sondern spiegeln die grundlegenden Spannungen unseres Erlebens, Erkennens und Handelns wider, die unser Verständnis von Realität prägen: Was wir machen!

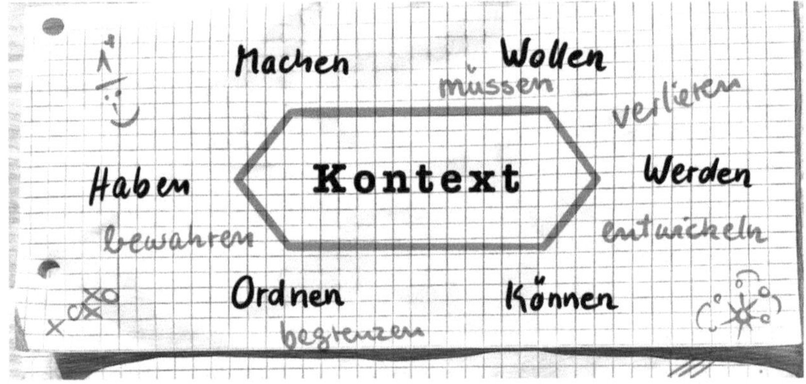

Was auf den ersten Blick widersprüchlich und bar jeder Logik wirkt, scheint sich im organischen Gefüge unseres Menschseins zu bedingen. Wollen wir die Arbeitsweise unseres Bewusstseins - die sogenannte *sechste Dimension* - wirklich entschlüsseln, mutet uns dies allerlei Gedankenakrobatik zu, die nicht jedermanns Sache ist.

Die widerstrebenden Bedürfnisse und Eindrücke unseres Lebens in Einklang zu bringen, fordert uns von Tag zu Tag. Als Menschheit, als lernende Organisation, leben wir dabei einen unsichtbaren Generationenvertrag in einer Art Arbeitsteilung, die von der Wechselwirkung zwischen Arterhalt und Innovationsdrang getragen wird. Schreiben KI-Modelle bald die bessern Bücher? Mag sein.

Unabhängig vom Medium braucht es für wahre Verständigung Kommunikation und Austausch – im Gespräch, mit den Kindern, in der Familie und Partnerschaft. Denn Austausch bedeutet Frieden, und unsere Welt braucht Frieden, um zu überleben.

Obwohl das Wissen unserer Welt inzwischen exponentiell wächst, bleibt der Mensch der Garant, Wissen zu interpretieren und Bewertungen vorzunehmen. Ohne Mitmenschen bleibt es schwierig, Bedeutung und Sinn hinter Informationen zu erkennen und diese kontextualisiert zu nutzen. Die Innovationsforschung zeigt, dass echte Durchbrüche häufig dort entstehen, wo Menschen auf unterschiedliche Perspektiven treffen und sich neuen Sichtweisen öffnen.

Es gibt Menschen, die glauben, mich zu kennen, ohne je eine Zeile von mir gelesen zu haben. Vielleicht war das der eigentliche Grund, warum mein Deutschlehrer mich zwang, jeden Aufsatz vor der Klasse vorzulesen? Mehr Verständnis erzeugte das - soweit ich mich erinnere - nicht zwingend, eher das Gegenteil.

Einen anderen Menschen Aufmerksamkeit abzutrotzen, zahlt sich für den Schreibenden nicht aus. Erst recht suchen wir nach Makeln, wenn überraschende Gedanken anderer sich offenbaren. Manchmal weckt *ein Buch* schlicht Neid, was ich als Erwachsene noch lernen sollte.

So blieben mir die süffisanten Worte eines langjährigen Kollegen in Erinnerung: „Ach, und Sie glauben, mit Sechsunddreißig schon ein Buch veröffentlichen zu müssen?" Das kam, nachdem ich ihm ehrlich von meiner Enttäuschung über eine Verlagsabsage erzählt hatte.

Wir müssen ja nicht immer aussprechen, was wir denken. Beim Schreiben aber ist das anders: Was ich schreibe, ist unausweichlich Ergebnis dessen, was ich gedacht habe. Wer es also genau wissen will, ist immer gut beraten, dem ein oder anderen mal auf die Tinte zu schauen, statt nur auf Äußerlichkeiten zu achten.

Damit transgenerationales Lernen gelingt, ist es wichtig, nicht starr in die Vergangenheit zu blicken, sondern Wissen und Werte immer wieder neu zu verstehen und die Narrative zu stärken, die uns voranbringen. Indem wir schreiben, erschaffen wir unsere Welt, überdenken unser Handeln und machen uns gemeinsam zu neuen Ufern auf. Im größeren Kontext unterstützt der Trend zu *Open Access* diese Denkweise: Immer mehr wissenschaftliche Veröffentlichungen werden frei zugänglich gemacht und fördern so den globalen Wissensaustausch und die Zusammenarbeit. Projekte, in denen Forscher weltweit ihre Daten und Erkenntnisse teilen, beschleunigen unser kollektives Wissen und tragen zur Lösung globaler Herausforderungen bei.

Im Kleinen fühlen viele die Befreiung nicht nur im privaten Kreis - sondern öffentlich - sagen zu können: „Den mag ich, das ist ein Guter!" – und ihm auf Social Media ein Like dazulassen. Oder andere frühzeitig zu warnen, ohne jemandem ein Ohr zu spalten oder Finger abzuhacken, um ihn als Betrüger oder Dieb zu kennzeichnen. Heute reicht ein Kommentar oder Dislike auf einer Plattform, um einer breiten Öffentlichkeit zu signalisieren, wem man Vertrauen schenken sollte und wem besser nicht. In der schnelllebigen digitalen Welt fällt uns mangelnde Bildung heftiger auf dem Fuß, gibt es mehr kritische Augen und weitreichendere Folgen, wenn wir uns im Eifer des Gefechts „verschreiben".

Diese Lektion musste kürzlich erst wieder El Hotze lernen, der seine berufliche Existenz riskierte, als er einen unbedarften Kommentar zu einem missglückten Politikerattentat absetzte. Mehr als einmal wurde zu unserer Herzensbildung aufgeschrieben: „Du sollst nicht töten!" Schade, wenn die innere Kompass-Nadel so massiv klemmt. Mangelndes Mitgefühl ist keine Kinderkrankheit, sondern eine Schwäche, die unsere gesellschaftliche Entwicklung belastet.

Immerzu tragen wir Verantwortung für das, was wir schreiben.

Sei es auf dem Einkaufszetttel „2 Schachteln Negerküsse", beim Mailing „Sie Arschloch" oder schlicht „Stirb" im Chat - ob mit oder ohne Emojis. Wir sollten wirklich darauf achten, was wir so schreiben. Es bleibt. Zumindest nährt es unmittelbar unser aller Bewusstsein. Die Heimat, in der wir uns alle zuhause fühlen sollten.
Unsere Fähigkeit, zwischen Konzepten geistig hin- und herzuwandeln, kommt manchmal ins Stocken. Steven Pinker nennt dies „besondere Eigenarten" unseres menschlichen Denkens.

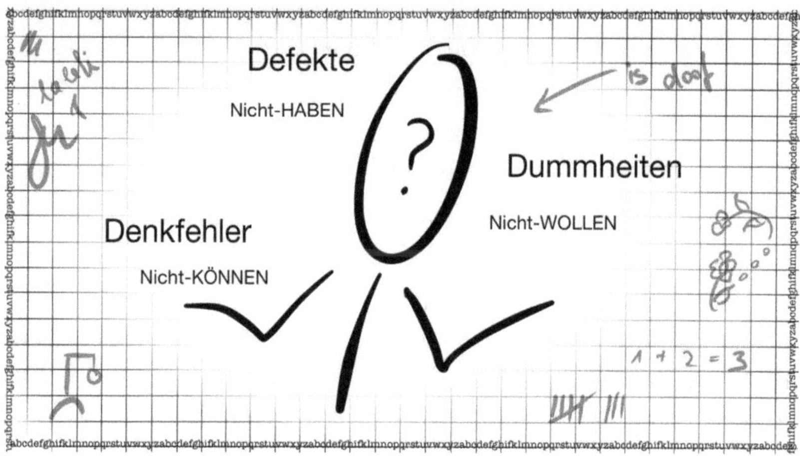

Da lohnt es sich schon, manchmal den Schalter im Kopf umzulegen und bewusster die sechste Dimension zu durchdringen, welche sprachlichen und logischen Konzepte wir vertiefen wollen.
Erst denken, dann schreiben, so *manifestieren* sich unsere Gedanken.
Folgen wir der Etymologie des Wortes, „der Lehre von der wahren Bedeutung des Wortes", dann stoßen wir auf die lateinischen Wurzeln „*manus*" (Hand) und „*festus*" (sicher), dass unsere Gedanken wortwörtlich „mit der Hand greifbar werden".

Lange wurde versucht, den angeblich „fiesen" deutschen Charakter zu ergründen – den einer meinte, in seinem Buch mit dem Titel *Mein Kampf* verewigen zu müssen. Menschen mit klarem Blick und Herzen erkannten damals schon, wohin solch eine Ideologie führen würde. Doch viele der Schulabbrecher und traumatisierten Überlebenden des Ersten Weltkriegs sahen hierin einen Weg aus Armut und Ungerechtigkeit. Leider nicht der letzte Fall kollektiven Versagens in der langen Geschichte unserer Menschheit.

Immer wieder gibt es Menschen, die ähnliche Hoffnungen nähren. Die das menschliche Überleben daran knüpfen wollen, wer überleben soll. Die sich im Recht glauben, darüber bestimmen zu können, wer, wo und wie zu leben hat. Im Iran stellten sich Menschen, deren Elterngeneration zu über 60 % noch nicht alphabetisiert waren, in den Dienst einer Revolution, gegen die ihre eigenen Großgelehrten warnten. Solange wenige, gebildete Menschen durch Hausarrest, Arbeitslager oder Todesstrafe zum Schweigen gebracht werden können, bleiben Gesellschaften anfällig für Tyrannei und die Selbstbereicherung der Machthabenden.

Gewaltenteilung und Föderalismus, wie wir sie nach dem Zweiten Weltkrieg einführten, kann die Gemeinschaft vor zu viel Gestaltungswillen schützen. Sie kann Demokratie insgesamt aber auch so ineffizient und unattraktiv gestalten, dass keiner mehr mitmachen will.

Bildung für alle ist daher kein All-inclusive-Paket für Wohlstand, Sicherheit und Frieden. Sie ist der Beginn eines kollektiven Bewusstseinsprozesses – wie das gemeinsame Lernen am Küchentisch, das der Anfang einer Veränderung sein kann. Unsere Fähigkeit orts- und zeitunabhängig voneinander, miteinander in Austausch zu geraten, ist einer der wichtigsten Bausteine, um über den eigenen Tellerrand hinaus, Hilfreiches aufzuspüren.

Viele Lebensratgeber beschwören, wir müssen nur loslassen können, um unser Heil zu finden. Klingt für mich irgendwie suizidal - aber ich bin ja auch noch nicht erleuchtet. Wenn doch alles vergänglich ist - was ja ein Kerngedanke von Meditation ist - , brauchen wir dann nur *loslassen*: Keine Konzepte mehr in unser Bewusstsein einlassen? Uns einfach frei fühlen und direkt mit dem Universum Kontakt aufnehmen? Und weiter: Einfach unsere Volksvertreter mal mehr meditieren schicken? Braucht es dann keine Parlamente mehr? Und wer verwaltet uns dann und sichert unser Überleben?

Alles, was wir über das Zusammenleben von Menschen gelernt haben, zeugt von der Notwendigkeit, Verantwortung zu übernehmen und das loszulassen, was nicht mehr dienlich ist.

Wir brauchen Werte, die uns leiten und genauso Freiheit, veraltete Ideale loszulassen, wenn sie uns nicht weiterbringen. Ein Parlament, das sich nur aus „Loslassern" zusammensetzt, könnte leicht ins Belanglose abdriften. Eines aber, das erkennt, wann Wandel nötig ist, trägt zum kollektiven Wachstum bei. Wie uns das Beispiel von Irland vor Augen führte. In einer Demokratie zu leben, fordert uns heraus. Bildung für alle fordert uns heraus.

Unsere Freiheit, Meinungen zu bilden und gemeinsam zu handeln, bringt uns nicht nur weiter, sie fordert uns, aktiv die Richtung zu bestimmen und uns selbst ständig zu hinterfragen. Demokratie lebt vom Prinzip der Erneuerung. Das überfordert viele unserer Mitmenschen. Egal wie viel Mitgefühl wir für die menschheitsgeschichtlich junge Regierungsform der Demokratie aufbringen, müssen alle Demokraten anerkennen, dass in allen Ländern ein Drittel der Bevölkerung konservativen Parteien ihre Stimme geben. Das Mandat, alles soll bitte so bleiben, wie es nie war. Wie es sich vielleicht nur in unserem Herzen schön, sauber und stabil anfühlte, ohne einer kritischen Überprüfung standhalten zu müssen.

Damit Geschichte nicht, wie Napoleon einst scherzte, die *Lüge* ist, auf die wir uns einigen, braucht es die Stimmen vieler Menschen. Damit Wandel entstehen kann, der uns allen guttut, brauchen wir ein Gespür für den angeblichen *Status quo,* den gegenwärtigen Zustand, der sich so wenig festhalten lässt, wie die Mitte eines Flusses. Der Status quo ist alles andere als ein neutraler Punkt. Vielmehr repräsentiert er eine Schnittmenge von Sichtweisen und Privilegien, die dem Zeitgeist entsprechen und allzu oft als unverrückbar wahrgenommen werden. Die Vorstellung vieler Menschen, ach lass mal andere schreiben, am besten noch KI, verkennt die Gefahr, jene Schnittmenge aus Ideen, Überzeugungen und impliziten Privilegien zu verfestigen, die im Status quo verborgen liegt und oft kritische Fragen erstickt. Die Gesellschaft, die den Wandel annehmen kann, den sie braucht, lebt vom gemeinsamen Schreiben, Diskutieren und Überprüfen der Ideen, die sie formen.

Schreiben und Sprache sind mehr als nur funktionale Werkzeuge – sie sind Mittel der Sinnstiftung. Der Mensch bringt durch seine Kreativität, seine Fähigkeit zur Interpretation und seine ethischen Überlegungen Sinn in die Welt.

Der Mensch sollte das Schreiben nicht verlernen und es nicht vollständig an Maschinen oder politische Strukturen delegieren, da es für unser aller geistiges Wachstum unverzichtbar ist. „Ihr seid das Salz der Erde" - an uns ist es, das Wesentliche hervorzuheben. Schreiben ermöglicht uns, unsere Gedanken zu ordnen, unsere Identität zu formen, demokratisch teilzuhaben und an der Gestaltung der kulturellen und gesellschaftlichen Werte aktiv mitzuwirken.

Suchen Sie sich, was zu schreiben. Initiieren Sie gute Gedanken, behalten Sie die Möglichkeit eines *Happy End* fest in Augen. Überlassen Sie das Schreiben nicht denjenigen, die es weniger gut mit uns meinen.

Am Ende eines jeden Buches schaue ich auf meine vielen Notizen, die wieder einmal nicht alle in diesen Seiten ihren Widerhall finden konnten. „Ich tat mein Bestes", würde ich dem Vernehmungsbeamten sagen und eine Anekdote von Edgar Wallace anschließen: Ein findiger Reporter bedrängte ihn mit der Frage, warum er seine Bücher nicht sorgfältiger überarbeitet. „Die Überarbeitung meines letzten Buches ist mein nächstes Buch!" Was arrogant klingt, weiß ich mit meinen über fünfzig Jahren inzwischen gut einzuordnen. Die Fragen und Narrative, die uns bewegen, bewegen uns ein Leben lang.

Auch wenn wir uns selbst nicht zu ernst nehmen dürfen: Keine Verantwortung zu übernehmen, ist keine Option für eine lebenswerte Zukunft. Ohne unser Schreiben würde auch unsere Demokratie intellektuell immer mehr verhungern und von den Rändern aufgefressen werden.
Mitdenken, mitsprechen, mitmachen! Und mit Schreiben!
So bleiben wir alle lebendig!

*Um Ihnen folgende Klammern (m/w/d) zu ersparen, denken Sie sich im Zweifel bitte >ALLE< beim Lesen von Hauptwörtern.
Nach Lektüre so vieler Seiten ist Ihnen zunehmend klar, warum dieser Text die Welt nicht in ein binäres System zweier Geschlechter zu pressen versucht.

Ich war daran gewöhnt, Ihnen an dieser Stelle Quellen und Links zusammenzustellen, und führte dies stets mit der Bemerkung ein:
Der Leichtigkeit des Textes geschuldet, kommt er ohne Fußnoten, doch nicht ohne Hintergedanken aus.
Dann folgte eine Auflistung von Quellen, wie wir sie im akademischen Kontext gewohnt sind zu zitieren. Das war immer viel Arbeit, die Zeit kostete.

2024 könnte ich einfach eine KI bitten, meinen Text zu analysieren und mir das Quellenverzeichnis zu erstellen. Möglich, aber sinnfrei! Daher nutze ich lieber Ihre Erwartungshaltung, im Anhang steht meist etwas Brauchbares, und überrasche Sie:

Um Erwähntes zu vertiefen, finden Sie hier eine Anleitung, wie Ihnen CHATGPT von OPENAI in einigen Sekunden Kontexte nach gegebenen Keywords erschließt. Ohne Kosten.

- Nach jeder einzelnen Sitzung vergisst CHATGPT, wer ihn was gefragt hat und beantwortet bei nächster Gelegenheit jede Ihrer Fragen geduldig aufs Neue.

- Alles, was es braucht, ist die Einrichtung eines Accounts auf der offiziellen Webseite von OPENAI: https://chatgpt.com/auth/login
Hierzu ist eine Telefonnummer nötig.

Seien Sie achtsam:
In den sogenannten App-Stores gibt es zahlreiche hybride Applikationen, die letztendlich Modifikationen des GPT-Modells darstellen.

Ist ein Account registriert, kann es los gehen. Viel Spaß beim Erkunden!

So könnte Ihre Recherche dann aussehen:

Was ist „Wie wir erzählen..." von Vera Ansén für eine Publikation?

„Wie wir erzählen..." ist eine wissenschaftliche Veröffentlichung von Vera Ansén, die sich mit narrativen Strukturen und Erzählweisen beschäftigt. In dieser Arbeit untersucht Ansén, wie Geschichten in verschiedenen Kontexten erzählt werden und welche erzählerischen Techniken dabei zum Einsatz kommen. Der Fokus liegt dabei auf den Methoden und Mechanismen, die das Erzählen von Geschichten prägen, und darauf, wie diese von den Rezipienten wahrgenommen und interpretiert werden.

Und weiter ...

T2 - Trainspotting?

The term "T2: Trainspotting" refers to the 2017 British film that serves as a sequel to the iconic 1996 film *Trainspotting*, directed by Danny Boyle. Both films are based on the works of Scottish author Irvine Welsh, with the first movie adapting his novel *Trainspotting* and the sequel drawing elements from his follow-up novel *Porno*, among other sources.

Trainspotting (1996):

- Plot: The original *Trainspotting* film is set in Edinburgh, Scotland, and follows a group of heroin addicts, particularly focusing on Mark Renton (played by Ewan McGregor), as they navigate the highs and lows of addiction, friendship, and the grim realities of life in a depressed urban setting. The film is known for its dark humor, energetic direction, and stark portrayal of addiction.
- Cultural Impact: The film became a cultural phenomenon, influencing a generation with its distinctive style, memorable soundtrack, and exploration of youth culture and addiction. It's often regarded as one of the greatest British films of all time.

Gib mir die Antwort kürzer und in Deutsch

T2: Trainspotting ist die Fortsetzung des Kultfilms *Trainspotting* von 1996, beide unter der Regie von Danny Boyle. Der erste Film handelt von einer Gruppe von Heroinabhängigen in Edinburgh und wurde für seinen Stil und seine Darstellung von Jugendkultur und Sucht gefeiert. *T2* spielt 20 Jahre später und zeigt die Wiedervereinigung der Hauptfiguren, die sich mit dem Älterwerden, Reue und den Konsequenzen ihrer früheren Entscheidungen auseinandersetzen. Die Fortsetzung wurde für ihre nostalgische Stimmung und die Weiterentwicklung der Charaktere gelobt.

Alles easy, also?

Der GPT-Assistent scheint ja jede Art von Frage, irgendwie in Kontext zu setzen. Warum das Gejammer „Die Schlauen werden schlauer und die Dummen dümmer"?

Beim Erstellen des Anhangs stieß ich selber mal wieder auf interessante Details, die mir beim Schreiben nicht bewusst waren.

Die Situation: In meinem Büro (oder den diversen Räumen, wo ich weitere Papiere aufbewahre) gibt es einen Zeitungsartikel, wo ich mir beim damaligen Lesen, den Ausspruch „Demokratie ist die Oligarchie der Zeithabenden" markiert hatte. Also fragte ich ganz salopp den *Creative Writing Coach* von ChatGPT:

Als ich das Ergebnis mit ChatGPT wiederholen wollte, sah das so aus:

Ideengeschichtlich ist das schlüssig, man muss nur weiterdenken.

    Merke: Neugier ist eine Gier!   … und wir können immer weiter fragen …

Raum für Notizen
____

Lust auf MEHR?

Erkennbar, verständlich, wählbar

Band I   ... zu MEHR gesellschaftlicher Mitwirkung!

mit Bonuskapitel 8

ISBN 978-3-759-71176-2

Erkennen Sie Ihre Talente und Wirkung, damit Sie sich selbstbewusst durch die Aufgaben bewegen, die uns das Leben vor die Füße spült!

Finden wir Klarheit in unseren Absichten, gefallen uns Rollen und teilen wir gerne Aufträge. Denn gut organisieren zu können, versichert uns immer interessanter Aufgaben.

Mit diesem Sachbuch fällt es Ihnen fortan leicht, ohne Angst vor andere Menschen zu treten. Einfach einladen: MACHEN WIR WAS!

Wie wir erzählen

Band II   ... zu MEHR Wirksamkeit!

mit Schaubildern

ISBN 978-3-758-33126-8

Verdichten Sie Ihr Verständnis und bewegen sich selbstbewusst durch die Informationsfluten, die uns drohen, hinwegzuspülen!

Finden wir Klarheit in all unseren Gedanken, gefallen uns Herausforderungen und teilen wir gerne Erfolge. Denn gut unterhalten zu können, versichert uns immer guter Gesellschaft.

Mit diesem Sachbuch fällt es Ihnen fortan leicht, die Zeichnung im Kopf zu beginnen. Einfach erkennen: WAS WIR MACHEN!

Zeit finden:
Auf ein Wort mit ChatGPT

ISBN 978-3-758-33998-1

Das Überwinden von Sprachlosigkeit ist ein erster, wichtiger Schritt, Augenhöhe zwischen Menschen zu ermöglichen. ChatGPT hilft dabei!

Ein Buch über das Schreiben zu schreiben, ohne die Möglichkeiten mit einzubeziehen, die uns LLM (Sprachmodelle) fortan ermöglichen, war mir nicht möglich.
So entstand mein Interview mit ChatGPT-4o, das mir jedem weiteren Jahr umso lesenswerter werden wird. Ein Zeitdokument, das Lust auf MEHR machen soll!

Afsaneh
eine von allen

ISBN 978-3-758-33098-8

Afsaneh kommt aus Iran, ich aus Deutschland. Reicht das für ein gemeinsames Buch?

Viele Fragen lassen uns ins Gespräch kommen: über ihre Heimat, das Leben und die Zukunft, die sie sich für ihre Enkeltochter wünscht.

Vielleicht ist nicht alles wahr, wa in diesem Buch geschrieben steht. Aber so oder so ähnlich ist es wohl gewesen! Den Rest findet ihr im Internet, den Anfang hier ...
Bald mit Workbook, auch in Englisch

Ich wüsste zu gerne, was Sie so in ihrem geistigen Hinterstübchen bei der Lektüre entdeckten?
Vielleicht hinterlassen Sie uns dazu eine Rezension im Internet. Wenn Leser zu Autoren werden, ist dies ein weiterer Schritt, miteinander in Austausch zu geraten, und unser Schreiben - Lesen - Schreiben macht Sinn!

Vera Ansén, Jhg 1972, erforscht seit 1992
Narrationen wie mediale Wirksamkeit,
immer darauf bedacht,
Sprachlosigkeit zu überwinden und
Menschen zur Reichweite ihrer Anliegen zu verhelfen!

Wir alle sind Kulturschaffende, da wir erzählen.

Die Erfahrung, dass der Kopf rund ist,
damit die Gedanken besser kreisen können,
ist ein Schlüssel zu der Frage:
Wie erlangen wir mehr Wirksamkeit!

Bleiben Sie neugierig, ich bin es auch.